Mosaik
bei GOLDMANN

Buch

Kinder müssen eine Flut von Reizen und Informationen bewältigen. Um nicht überfordert zu werden, brauchen sie Rückzugsmöglichkeiten, Halt und Geborgenheit – Eltern, die ihrem Leben Orientierung bieten. Spielerische Familienrituale, wie das allabendliche Zelebrieren der Gute-Nacht-Geschichte, geben diesen Halt. Cornelia Nitsch bietet in ihrem Buch eine Fülle von Vorschlägen für Familienrituale an, neue liebevolle Ideen und auch altbewährte, an die sich die Kinder ein Leben lang gerne erinnern. Eltern erfahren in diesem Ratgeber, wie wichtig Rituale für die gesunde Entwicklung ihrer Kinder sind.

Autorin

Cornelia Nitsch studierte Sozialwissenschaften und arbeitet heute als erfolgreiche Autorin und freie Journalistin. Sie lebt mit ihrem Mann und ihren vier Kindern in der Nähe von Bad Tölz.

Von der Autorin ist bereits bei Mosaik bei Goldmann erschienen:

Kinderkrankheiten (16136)

CORNELIA NITSCH

Die schönsten Familienrituale

Mit vertrauten Sachen Kindern
Halt und Geborgenheit geben

Illustriert von Edda Köchl

Mosaik
bei GOLDMANN

Fotonachweis:
N. Schäfer Archiv 111; T. Stone Bilderwelten/Perlstein 137;
-/Pollock 45; -/Sams 69; -/Smith 11; -/Sutherland 157; -/Thomas 97;
-/Tisne 173

Umwelthinweis:
Alle bedruckten Materialien dieses Taschenbuches
sind chlorfrei und umweltschonend.

Erweiterte Taschenbuchausgabe September 1999
Wilhelm Goldmann Verlag, München
© 1995 by Mosaik Verlag, München
in der Verlagsgruppe Bertelsmann GmbH
Umschlaggestaltung: Design Team München
unter Verwendung folgender Fotos:
Umschlag und Umschlaginnenseiten: Mauritius, Power Stock
Redaktion: Doris Bampi-Hautmann
Druck: Presse-Druck Augsburg
Verlagsnummer: 16212
Kö · Herstellung/DTP: Martin Strohkendl
Made in Germany
ISBN 3-442-16212-2

1 3 5 7 9 10 8 6 4 2

*I*nhalt

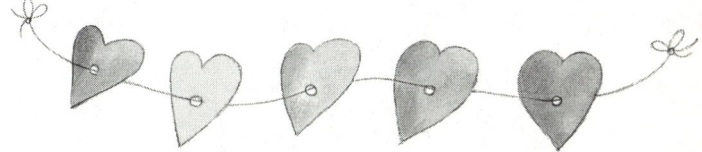

Vorwort

Ein kleines Kind ist ein Gewohnheitswesen. Seinen Kakao möchte es jeden Morgen aus dem gleichen Becher trinken, und wehe, der Becher ist einmal nicht greifbar. Sein heißgeliebtes T-Shirt will es am liebsten jeden Tag anziehen. Monatelang mag es »Mensch-ärger-dich-nicht« spielen, obwohl im Schrank ein Stapel anderer, ebenso spannender Spiele lagert. Keine Chance für die Eltern, Neues ins Spiel zu bringen. Auch die Gute-Nacht-Zeremonie muß Abend für Abend unbedingt nach dem gleichen Muster ablaufen: erst eine Runde kuscheln, dann zusammen singen, zum Schluß ein dicker Kuß – immer ein und dieselbe Leier, bloß nichts verändern an diesem Ritual.

Wird dieses ewige Immerdasgleiche einem Dreikäsehoch auf die Dauer nicht langweilig? Nein, bewahre, so schnell nicht. Das Langweiligwerden ist ein typisches Problem der Großen. Sie sind auf immer neue Reize aus, wollen ab und an Neues ausprobieren und reagieren genervt auf Wiederholungen mit einem »Nicht schon wieder!«. Kinder zeigen dagegen eine erstaunliche Ausdauer, wenn es um liebgewordene Gewohnheiten geht. Darauf ist Verlaß. Rituale kehren immer wieder und vermitteln so ein Stück Halt und Orientierung: Darauf kann man sich freuen. Das ist einem sicher.

Natürlich sind Kinder auch auf Überraschungen aus, auf besondere Aktionen, egal ob klein und bescheiden oder üppiger. Sie sind die Würze in der Suppe, der Pfeffer im Kinderleben und machen das Dasein bunter.

Familienrituale bieten beides: Halt und Struktur, aber auch Glanz und Gloria, jede Menge Spielraum für besondere Akzente und Spannungsmomente. Jede Familie hat ihre eigenen lieben Gewohnheiten – kleine Geschichten, die sich endlos wiederholen und die wohltuend fürs Gemüt sind. Die ewig und immer in der Erinnerung haften bleiben und Jahre später wieder hervorgekramt werden: »Weißt du noch damals, als wir jeden Abend die Geschichte vom kleinen Bären hören wollten? Oder nicht genug bekommen konnten von dem Butzemannspiel?«

Gerade die leisen, die kleinen Gewohnheiten sind kleinen Leuten lieb – oft viel lieber als aufgetakelte Freizeitaktionen oder Riesenspektakel. Kinder lieben Zeremonien, die sich stetig wiederholen – eingespielte Rituale, auf die Verlaß ist: immer die gleichen Geschichten, einfach herrlich. Warum sind Rituale so wichtig?

Das Gefüge, in dem wir leben, ist in Bewegung gekommen, verändert sich laufend. Was gestern noch galt, gilt heute nicht mehr. Alte Gewohnheiten und Regeln lösen sich auf. Klare Linien, eindeutige Zuordnungen gibt es nicht mehr: Alles ist im Fluß. Jeder, egal ob groß oder klein, muß sich laufend und immer neu auf Neues einstellen. Neue Medien. Neue Technik. Neue Spielregeln im Umgang miteinander.

Von diesem ewigen Wandel um sie herum, egal ob zu Hause, im Kindergarten oder in der Schule, fühlen sich Kinder nicht selten überfordert. Sie geraten aus der Puste und verlieren den festen Boden unter den Füßen: »Wie soll ich mich bei diesem Riesenangebot verschiedener Möglichkeiten noch zurechtfinden? Was will ich, was will ich nicht? Was ist gut für mich? Was schadet mir? Wie soll ich mich entscheiden? Wo ist der rote Faden, an dem ich mich entlanghangeln kann?«

Kinder brauchen einen vorgegebenen Rahmen, damit sie nicht verlorengehen im Meer der Chancen und verschiedenen Möglichkeiten. Sie brauchen eine Struktur und Regelmäßigkeit im Tagesablauf, Eckdaten, die sich zuverlässig immer wieder ergeben und Orientierung ermöglichen. Rituale, die zum festen Bestandteil des Familienlebens werden, können ein Stückchen Sicherheit bieten. Sie sind liebenswerte Schnörkel, die All- und Sonntage schmücken. Sie sind kleine und größere Höhepunkte, auf die sich alle freuen.

Aber welche Rituale vermitteln Kindern ein Gefühl von Sicherheit und Geborgenheit, bleiben in Erinnerung als Schatz für später, von dem sich ein Leben lang profitieren läßt? Welche Spiele, welche Zeremonien haben das Zeug dazu, ein Hit zu werden? Woher gute Ideen nehmen?

In diesem Buch finden Eltern nicht nur viele Hinweise darauf, warum Rituale ihren Sinn und welchen Stellenwert sie im Familienleben haben können, sondern vor allem Vorschläge und Tips in Hülle und Fülle, die warme Farben in das Familienleben bringen.

Zärtlich mitschwingen

Rituale ermöglichen Orientierung,
geben Halt und vermitteln die Gewißheit:
Da ist jemand, der an mich denkt,
der sich um mich kümmert,
ganz regelmäßig und zuverlässig.

Guten Morgen!

Das morgendliche Wecken – schlimm genug, wie gerne würde man noch im Bett bleiben und weiterträumen. Was hilft's, auch kleine Kinder müssen morgens aufstehen, und wenn's noch so schwerfällt. Wird dieses morgendliche Pflichtprogramm mit ein paar liebenswerten Zeremonien und Schnörkeln garniert, ist der Start in den Morgen schon um einiges erträglicher. Diese Verzierung muß keine aufwendige Garnierung sein, viele Morgen-Rituale sind nicht mehr als eine Geste, ein kurzes Momentchen intensiver Zuwendung. Aber auch in solchem Kleinformat zeigen sie oft große Wirkung. Die Erinnerung daran bleibt als wohliges Gefühl hängen.

Darüber hinaus können Rituale, ohne in den Geruch zu kommen, eine lästige Erziehungsmaßnahme zu sein, ein brauchbares, ganz unspektakuläres Mittel sein, das Zusammenleben zu regeln:

- wird morgens beim Wecken das Fenster weit aufgemacht, ist das ein eindeutiges Signal, das auch ohne lange Erklärung zu verstehen ist. Dieses Zeichen heißt: »Nun wird's Zeit. Kriech aus den Federn!«
- stellt die Mutter ihrem Filius am Sonntagmorgen einen Becher mit heißem Tee ans Bett, kann sie darauf verzichten zu sagen: »Jetzt könntest du mal langsam aus dem Bett krabbeln!« Der Becher Tee ist ein unaufdringlicher Hinweis, deutlich genug.

Mit Hilfe von Ritualen können Eltern einen Strich ziehen, den Tag strukturieren. Jede Familie hat ihre eigenen Weckgewohnheiten. Ist der eine Zwerg bereit, die Augen zu öffnen, wenn

Mami an der Bettkante Platz nimmt zum Rückenkraulen, so wacht der andere nur auf, wenn sie den immer gleichen, blöden Spruch sagt: »Morgenstund' hat Gold im Mund!« Alles muß Morgen für Morgen seine feste Qrdnung haben.

Von dieser Ordnung, dieser Regelmäßigkeit, die Kinder so lieben und brauchen, ist in vielen Familien heute keine Rede mehr. Die Tage laufen meist nicht länger nach einem festen Schema ab, sondern sind täglich nach neuem Muster gestrickt. Das Familienleben ist nicht mehr fest gefügt, sondern in steter Bewegung. Alles ist dauernd neu, anders als gestern. Kein Tag ist wie der andere.

Gefällt Erwachsenen dieses kreative Chaos, weil so kein Gleichmaß, keine Langeweile aufkommt, so fühlen sich Kinder leicht durch ein dauerndes Hin und Her überfordert: »Wie soll ich mich zurechtfinden? Wie Boden unter den Füßen gewinnen, wie einen eigenen festen Standpunkt bekommen?« Können Kinder bestimmte Abläufe erkennen, eine Struktur in ihrem Alltag, dann vermittelt das Geborgenheit.

Welche Rituale eignen sich, einem Kind das Aufstehen, das ganze morgendliche Ingangkommen zu erleichtern?
- Träume erzählen. Echte, die man gerade noch in Erinnerung hat oder ausgedachte, die sich schön ausschmücken lassen und die man vielleicht gerne geträumt hätte
- den Schläfer sanft wachmassieren: Bauch, Rücken, Schultern sachte streicheln
- eine (kleine) Kissenschlacht anzetteln
- ein Guten-Morgen-Lied singen
- im Winter Strümpfe und Hemd und Hose auf die Heizung legen und vorwärmen.

Das Frühstück möglichst wichtig nehmen, versuchen, die Familie am Tisch zu versammeln und sei es nur für ein paar Minuten, und es nicht zur unbedeutenden Nebensache degradieren:

- Samstag/Sonntag immer mit Kerze und Musik an einem sorgsam gedeckten Tisch frühstücken
- am Wochenende lange und in Ruhe frühstücken, eben mehr als fünf Minuten Zeit dafür einplanen
- nicht nur am Samstag/Sonntag, sondern auch wochentags morgens kurz das Tagesprogramm besprechen: Wer hat was vor? Welche Hochs und Tiefs zeichnen sich ab?

Wenn Küsse auf Reisen gehen

Ein zärtliches Weckritual: Sie geben Ihrem Kind einen Guten-Morgen-Kuß auf die Stirn und weitere Küsse auf die Nasenspitze, das Kinn, ein Ohrläppchen, in den Nacken. Ihr Kind gibt vor, noch halb verschlafen, wohin es geküßt werden möchte.

Kosenamen

Am Bett sitzen, das Kind sanft wachstreicheln und dabei immer neue Kosenamen erfinden – zum Beispiel ganz absurde, seltsame Namen erfinden wie etwa Ontario, Kilimandscharo, Halifax, Montblanc. Sogar Morgenmuffel können sich bei diesem Spiel ein Lächeln manchmal nicht verkneifen.

Eincremespiel

Das Kindergesicht nach der ersten Kurzwäsche eincremen und daraus ein Spiel machen: Erst Cremekringel um die Augen, um den Mund malen und auf die Nase einen dicken Cremetupfer geben. Dann die Creme verteilen.

Weckküsse

Dir schenk ich einen Morgenkuß,
rund und frisch wie Haselnuß.
Er riecht nach roter Heckenros,
ich pust' ihn auf, ich laß ihn los.

〜

Du schmeckst nach lauter Lieblingsspeisen:
Deine linke Hand schmeckt nach Schokoladeneis.
Deine rechte Hand schmeckt nach Vanillecreme.
Dein linkes Knie schmeckt nach Himbeersirup.
Dein rechtes Knie schmeckt nach Nußsahnetorte.
Dein linker Fuß schmeckt nach Krokantpralinen.
Dein rechter Fuß schmeckt nach Waldmeisterpudding.

〜

Ännchen, liebes Ännchen,
bist du gesund?
Wie geht's deiner Katze,
wie geht's deinem Hund?
Sag nur, ich lasse sie grüßen
vom Kopf bis zu den Füßen.

Streichelverse machen das Aufstehen schmackhafter.

Fingerrätsel

Mit zwei, fünf oder mehr Fingern die Kopfhaut massieren. Raten lassen, wie viele Finger dabei im Spiel sind. Es fällt schwer, das zu erfühlen – auch wenn man schon einige Übung bei diesem Spiel hat und es noch sooft wiederholt wird.

Zahnbürstenlied

Zahnbürsten suchen
nach Marmorkuchen,
nach Apfelschnitzeln,
nach Bohnenfitzeln,
nach Birnenschnipseln,
nach Mohrenfipseln,
nach Zuckersternen,
nach Traubenkernen,
nach Haferflocken,
nach Brötchenbrocken.

Zahnpastasprache

Eine Zahnpastaschlange auf eine Zahnbürste geben. Das bedeutet gleichzeitig eine Nachricht übermitteln in Familien-Geheimsprache:

- drei Zahnpastapunkte nebeneinander heißt: Ich habe dich zum Fressen gerne.
- eine geschwungene Zahnpastalinie heißt: Fühlst du dich beschwingt, hast du gut geschlafen?
- eine schnurgerade Zahnpastalinie heißt: Ich wünsche dir einen schönen Tag.

*S*chmusen, spielen –
Zuwendung stärkt das Selbstwertgefühl

Eltern-Tip

Kinder brauchen Zuwendung – zuverlässig und regelmäßig, völlig unabhängig von ihrem Wohlverhalten. Erfahren Kinder, daß sie einen wichtigen Part in der Familie spielen und ihre Eltern sie von Herzen lieb haben, gibt ihnen diese Erfahrung ein gutes Selbstwertgefühl. Daß wir unser Kind lieben, ist doch klar, denken viele Mütter und Väter und meinen: »Das müssen wir doch nicht groß erklären, das ist eine Selbstverständlichkeit, zeigt sich im alltäglichen Leben!« Zeigt sich manchmal eben doch nicht, allen guten Absichten zum Trotz. In der Hetze des Alltags – und immer mehr Erwachsene sind heute dauernd in Eile – kommen auch liebevolle Eltern nicht selten darüber hinweg, ihre Liebe auszudrücken. Ihre Küsse werden flüchtiger, die Unternehmungen mit Kind und Kegel seltener, das Gute-Nacht-Sagen kürzer, weil es einfach an Muße, an Zeit füreinander mangelt.

Familienrituale können auch ein Hilfsmittel für Eltern sein, diesem Alltagstrott entgegenzuwirken, eine Zäsur setzen, können die Erwachsenen daran erinnern: Nun ist Familien-, Kinderzeit, und damit fest eingeplant. Wichtig sind jetzt vor allem die Belange der kleinen Tochter oder des kleinen Sohnes, sind die Freuden, die bei den kleinen Knirpsen hoch im Kurs stehen.

Welche Rituale können Kindern das Gefühl vermitteln, hier geht's in erster Linie um mich und nicht um die Wünsche der Großen? Einige Beispiele:
- das Kind Hauptperson spielen lassen. Ihm abends, wenn Mutter und/oder Vater nach Hause kommen, Vorrang vor allem anderen einräumen. Kein Telefon, kein Fernsehen –

nichts anderes zählt dann, denn jetzt ist Kindersprechstunde. Ausführlich miteinander besprechen, was der Tag gebracht hat. Erst danach dürfen die Großen erzählen

- wenn mehrere Geschwister zur Familie zählen: Alle vierzehn Tage eine Sonderaktion anberaumen, die heißt, »Ich habe Mami oder Papi immer schön abwechselnd ein paar Stunden für mich alleine. Dann darf ich ganz allein bestimmen, was gemacht wird.« (Aufwendig müssen diese Aktionen nicht unbedingt sein.)
- den Sonntagnachmittag den Kindern »schenken«. Das heißt: Sie dürfen Programm machen
- das Zuguck-Spiel machen. Das heißt: »Ich schau dir zu, wenn du mit Bauklötzen, Stofftieren oder Autos beschäftigt bist, und du erzählst mir derweil, womit du beschäftigt bist!« Danach das Spiel umkehren: Nun schaut das Kind dem Erwachsenen bei seinem Tun zu, und jetzt wird ihm erklärt, welchen Sinn dieses Tun hat
- manchmal »außer der Reihe« ein »kleines« Kinderfest mit Kuchenschlacht, einigen Spielen und Würstchenessen veranstalten – einfach nur so, zur Feier des Tages.

Mit solch einem Fest können Erwachsene manchmal ein Zeichen setzen, das heißt: Die vergangene, graue Phase mit viel Abwesenheit der Eltern und viel Streß findet jetzt wieder ein Ende. Nun beginnen bessere Zeiten, kann solch ein Fest bedeuten, das nicht aufwendig, mit viel Tamtam inszeniert werden muß.

Der Kern des Zeremoniells ist wichtig: Daß sich die Großen Zeit für die Kleinen nehmen. Daß sie sich gemeinsam mit ihnen freuen. Mit ihnen spielen und lachen.

Zipp-zipp Härchen

Kinne Wippchen,
rote Lippchen,
Stuppelnäschen,
Augenbräunchen,
zipp-zipp Härchen.

*Kinn, Lippen, Nase, Augenbrauen streicheln und zum Schluß sanft
an den Haaren ziehen.*

Mausbesuch

Kommt die Maus,
kommt die Maus,
klingelingeling,
ist der Herr zu Haus?

*Mit der Hand über Bauch, Schultern, Hals und Gesicht laufen und
dann am Ohrläppchen »klingeln«.*

Kommt ein Mäuschen,
kommt ein Mäuschen,
will ins Häuschen,
da rein, da rein!

*Mit fünf Fingern vom Bauch zu den Schultern laufen, dann den
Arm hinunter wandern bis zur geballten Hand. Versuchen, mit den
Fingern in die Faust einzudringen.*

*S*pielverse – *Vergnügen bis ins Schulalter*

Eltern-Tip

Spielverse sind vor allem im Vorschulalter gefragt, aber auch Schulkinder können durchaus noch ihren Spaß daran haben. Zuerst begeistern sich Kinder am Rhythmus der Verse, spielen bald erstaunlich ausdauernd mit und haben bald ihre Lieblingsverse, die sie gar nicht oft genug hören können.

Eskimokuß

Die Gesichter aufeinander zubewegen, Nase auf Nase drücken und dann die eine Nase zärtlich an der anderen rubbeln – erst ganz langsam, dann schneller.

Kitzelkatzeltier

Das Kitzelkatzeltier kommt immer nach dem Baden beim Abtrocknen: Mit drei Fingern vorsichtig und hauchzart über eine Kinderhand wandern – mal sachte über die Innenfläche der Hand, mal über den Handrücken streichen. In der Hand jede einzelne Handlinie nachzeichnen.

Eine Variante: Die Augen des Kindes mit einer Hand zuhalten, es mit der anderen Hand sachte auf der Nase, hinterm Ohrläppchen, am Ellenbogen, in der Kniekehle streicheln. Wer gekitzelt wird, versucht zu sagen, wo er gerade gekitzelt wird. Gar nicht so einfach, das herauszufinden, wenn man nichts sieht.

Mausespiel

Die Maus knabbert am Kinn.
Die Maus knabbert an der Nase.
Die Maus knabbert an der rechten Augenbraue.
Die Maus knabbert am Ohrläppchen.
Die Maus knabbert am Pony.
Woran knabbert die Maus außerdem noch?

Das Mausemaul besteht aus Daumen und Zeigefinger.

Knoblauch- und Kitzelküsse

Komm, gib mir einen Knoblauchkuß,
weil ich dann mächtig niesen muß.
Komm, gib mir einen Kitzelkuß,
weil ich dann schrecklich kichern muß.
Komm, gib mir einen nassen Kuß,
weil ich mich dann nicht waschen muß.
Komm, gib mir einen Trompetenkuß,
weil ich dann lauthals singen muß.
Komm, gib mir einen Streichelkuß,
weil ich dann ziemlich grinsen muß.
Komm, gib mir einen Pustekuß,
weil ich dann mächtig zittern muß.

Das Spiel als Begrüßungsritual einführen und neue Küsse dazu-erfinden.

Loben und Belohnen

Belohnungen sind bei Kindern äußerst beliebt. Klar, daß jeder Knirps begeistert ist, wenn er Anerkennung erntet für eine gute Leistung:

- »Toll, daß du keinen Fehler im Diktat gemacht hast. Dafür gibt es eine Tafel Schokolade!«
- »Danke, daß du den Müll weggebracht hast! Deshalb spendiere ich dir ein Eis!«

Besonders kostbar und besonders ausgefallen müssen Belohnungen nicht sein. Kleine Kinder freuen sich auch über Krimskrams, über liebenswerte Kleinigkeiten. Wichtiger noch, als gute Leistungen zu feiern: Ab und zu ein Zeichen setzen, das einfach nur bedeutet: Wir freuen uns an dir. Wie schön, daß es dich gibt!

So erfreulich Belohnungen sind, wichtiger ist, daß Kinder häufig gelobt werden. Lob ist Labsal für Kinderseelen – aber nur, wenn das Lob wirklich ehrlich gemeint ist, nicht nur so dahin, von oben herab gesagt wird: Übertriebene oder falsche Töne nehmen Kinder genau wahr und sind dann enttäuscht.

Glanzpapierherzen

Aus glänzendem Buntpapier in verschiedenen Farben zwanzig kinderhandgroße Herzen schneiden. In jedes Herz ein Loch bohren.

Immer dann, wenn eine Belohnung angebracht ist, dem Kind ein Glanzpapierherz aufs Kopfkissen legen. Ihm außerdem eine Schnur schenken zum Auffädeln der Herzen.

Hat der Beschenkte fünf Herzen gesammelt, können die Glanzpapiere gegen ein kleines Geschenk eingetauscht werden – zum Beispiel gegen eine Tafel Schokolade.

Blümchenorden

Auf eine Briefkarte oder auf dünnen Karton mit Filzstiften eine Wunderblüte zeichnen. Die Blüte ausschneiden und mit Klebeband an einer Sicherheitsnadel befestigen.

Ab und zu einen Blümchenorden für besondere Verdienste verleihen – zum Beispiel für freiwilliges Aufräumen.

Erdbeereis

Eine sommerliche Belohnung: Eine Erdbeere in einen Eiswürfel einfrieren. Den Eiswürfel samt eingefrorener Erdbeere verschenken.

Aus diesem Spiel ein Ritual machen: Mal eine Blaubeere, mal eine Himbeere im Eiswürfel verstecken oder andere Kleinigkeiten in Eis einfrieren: Gummibärchen. Zettelbotschaften, wasserfest beschrieben. Kinder warten gespannt darauf, was zum Vorschein kommt, wenn das Eis schmilzt.

Suppenteller-Rallye

Vor dem Essen dem Kind einen Zettel unter seinen Suppenteller legen mit dem Hinweis, daß ein weiterer Zettel im Kühlschrank versteckt ist. Im Kühlschrank findet sich dann unter einem Joghurtbecher ein zweiter Zettel mit dem Hinweis, ein dritter sei im Kinderzimmerschrank zu finden. Und so weiter. Am Ende der Rallye finden die Sucher ein Minigeschenkpäckchen.

Diese Suchspiele immer dann anregen, wenn es etwas zu feiern gibt.

Hasenspiel

Eine Belohnung einkassieren ist allein schon prima. Doppelt gut, wenn ein Spiel damit verbunden ist – ein Spiel, an dem sich mehrere beteiligen können: vier runde Bierdeckel mit selbstgemalten oder ausgeschnittenen Hasenbildern bekleben.

Aus den Bierdeckeln einen Kreis legen. Unter die Deckel kleine Zettel legen. Auf jeden Zettel einen anderen Text schreiben. Auf ein Papier: »Schau unter deinem Kopfkisssen nach!« Auf ein zweites: »Schau im Zahnputzbecher nach!« Und so weiter. An den beschriebenen Orten kleine Überraschungen plazieren.

Das Spiel: Jeder darf sich jetzt einen oder auch zwei Hasen aussuchen, darf die Zettel unter den Deckeln an sich nehmen und sich auf die Suche nach den Überraschungen machen.

Fähnchen suchen

Aus verschiedenen kleinen, rechteckigen Buntpapieren und Holzstäbchen (Schaschlikstäben) zehn Fähnchen fertigen. An jede Fahne ein Zettelchen klammern. Auf den Zetteln ganz verschiedene Verstecke beschreiben. In den beschriebenen Verstecken Kleinigkeiten deponieren. Die Fahnen im Garten verstecken. Eine Fahne hinter einem Obstbaum in die Erde stecken, eine im Sandkasten, eine im Rosenbeet.

Das Kind oder mehrere Kinder dann auf die Suche nach den Fähnchen und den Überraschungen schicken. Später alle Schätze, die gefunden werden, gerecht teilen.

Auch das Fähnchenspiel nur bei besonderen Gelegenheiten spielen, dann behält es länger seinen Reiz.

Neugierig und wißbegierig sein

Eltern-Tip

Kinder wollen alles wissen. Vor allem im Kindergartenalter fragen sie Erwachsenen Löcher in den Bauch. Ihre endlosen Warums werden einerseits bewundert: Das Kind ist wirklich sehr interessiert! Andererseits sind sehr wißbegierige Kinder auch gefürchtet: Wird der Junge oder das Mädchen denn nie müde zu fragen! In manchen Familien entwickeln sich Frage-und-Antwortspiele zu einem wichtigen Ritual:

- das Badewannenspiel: das Kind liegt in der Wanne, Mutter oder Vater sitzen auf dem Wannenrand, und nun beginnt eine Fragestunde
- einmal im Monat geht ein Elternteil mit einem Kind essen oder spazieren, und dann werden wichtige Fragen besprochen.

Warum, warum, warum

Warum, warum, warum
ist die Banane krumm?

∽

Warum, warum, warum –
du fragst mich rund und dumm.

∽

Warum?
Darum.
Warum darum?
Darum warum.
Darum darum.

Wer füttert die Katze?
Wer füttert den Hund?
Wer füttert die Kuh?
Wer füttert das Pferd?
Wer füttert die Gans?
Wer füttert das Huhn?

Wer setzt die Geschichte fort und fort und fort?

Fragekasten

Einen Fragekasten im Kinderzimmer postieren. Wer eine Frage hat, schreibt sie auf einen Zettel und steckt den Zettel in den Fragekasten.

Den Fragekasten einmal in der Woche gemeinsam leeren und alle Fragen beantworten.

Lexikonspiel

Ein Spiel für zwei. Der Jüngere beginnt: Er nimmt ein Lexikon aus dem Bücherregal, schließt die Augen, schlägt das Buch irgendwo auf, geht mit dem Finger blind auf der Doppelseite im Buch spazieren, stoppt, öffnet die Augen und liest das Kapitel laut vor, auf das der Finger weist. Dann werden die Rollen getauscht.

Eine Variante: Eine Seitenzahl nennen. Dann die entsprechende Seite im Lexikon aufschlagen und das vorlesen, was auf dieser Seite beschrieben wird.

Weltreise

Die Weltreise, ein Vater-und-Kind-Spiel oder Mutter-und-Kind-Spiel, findet immer abends kurz vorm Schlafengehen statt. Das Kind beginnt, und das heißt: Die Augen schließen. Wie ein Flieger mit dem Finger über der Weltkarte kreisen und irgendwo landen. Wo ist der Flieger gelandet? Das Ziel ausmachen und dann gemeinsam im Lexikon nachlesen, was es über diesen Ort zu sagen gibt.

Anschließend die Rollen tauschen: Wo landet der Flieger in der nächsten Spielrunde?

Fragelotto

Zehn Kinderfragen auf zehn gleich große Zettel schreiben. Die Zettel in einen Sack stecken.

Das Ritual: Jetzt wird Abend für Abend – zehn Tage hintereinander – ein Zettel nach dem anderen aus dem Sack gezogen. Das Kind liest die Frage vor, der Erwachsene versucht sie zu beantworten.

Zeitungsspiel

Ein Ritual für zwei, das immer nach der gleichen Regel abläuft. Gebraucht wird eine Tageszeitung. Beide Mitspieler fahnden während der Woche in der Zeitung nach besonders komischen oder originellen Notizen, schneiden entsprechende Beiträge aus und legen sie sich gegenseitig aufs Kopfkissen.

Erste Zähne, erste Locken und kleine Hände

Das erste Jahr mit Kind ist für Mütter und Väter eine besonders wichtige Zeit. Nichts ist mehr so, wie es vorher war. Jetzt steht das Baby im Mittelpunkt des Interesses.

Das Baby von vorne. Das Baby von hinten. Sein erster Zahn, seine ersten Laute, seine ersten Locken, seine ersten selbständigen Schritte –, alles wird fotografiert, jeder Fortschritt genau wahrgenommen. Das Kind

- erst mit blonden Locken, später mit braunem Wuschelhaar
- erst mit großen, blauen Babyaugen, später mit fragendem, frechem Blick
- erst mit einer Freundin, später mit Clique
- erst im Kindergarten, dann in der Schule
- erst im Sportverein, später auf der ersten Party.

Jeder wichtige, neue Entwicklungsschritt wird gefilmt und fotografiert oder beschrieben, wird irgendwie festgehalten, damit die Erinnerungen an früher, an die Kinderzeiten, später wieder lebendig werden können und verdeutlichen: Aus dem hilflosen Winzling ist in kurzer Zeit ein selbstbewußtes Kind geworden, das fest und sicher auf seinen Beinen steht. Die gravierenden Veränderungen im Laufe der Jahre, die sichtbaren Entwicklungsfortschritte werden nicht nur dokumentiert, sondern häufig mit besonderen Familienritualen gefeiert:

- Taufe, Kommunion oder Konfirmation sind wichtige Zäsuren in der Kindheit
- der erste Kindergartentag und Schultag ist ein »besonderes Ereignis« und wird entsprechend wahrgenommen
- die Geburtstage sind wichtige Höhepunkte (Siehe Seite 183).

Nimmt ein Kind wahr, daß sein Wachsen und Gedeihen in der Familie wichtig und ernst genommen wird, dann stärkt diese Erfahrung sein Selbstwertgefühl: »Ich habe einen festen Platz in dieser Familie.« Das kann es täglich erleben, das wird immer wieder deutlich.

Der erste Zahn

Viktoria! Viktoria!
Der kleine weiße Zahn ist da.
Du Mutter, komm', und Groß und Klein
im Hause! Kommt und kuckt hinein
und seht den hellen weißen Schein.
Der Zahn soll Alexander heißen.
Du liebes Kind! Gott halt' ihn dir gesund
und geb' dir Zähne mehr in deinen kleinen Mund
und immer was dafür zu beißen.

Matthias Claudius

Der erste Zahn – ein kostbares Stück. Ein Andenken daraus machen: Den Zahn in einem Extrasäckchen aufheben. Das Zahn-Gedicht mit einem Stoffmalstift auf das Säckchen schreiben.

Wünschezahn

Ein alter Brauch: Ein Milchzahn bringt Glück, wenn er an dem Tag, an dem er ausfällt, abends unters Kopfkissen gelegt wird.

Das edle Stück in ein edles Taschentuch wickeln, das seine Kostbarkeit noch unterstreicht. Manchmal geschieht ein »Wunder«, dann verwandelt sich der Milchzahn im Laufe der Nacht in ein glänzendes Markstück.

Mäusegebiß

Die Veränderung des Gebisses mit Hilfe von Fotos dokumentieren:
- Bild 1: das komplette Mäusezahngebiß, vorgeführt mit breitem Lächeln
- Bild 2: erstes Zahnlückenstadium
- Bild 3: zweites Zahnlückenstadium
- Bild 4: das komplette neue Gebiß.

Die Lächelfotos, alle im gleichen Format, nebeneinander auf eine Pappe kleben oder in ein kleines Extra-»Zahn«-Album.

Locke im Medaillon

Die erste Locke oder Haarsträhne, die abgeschnitten wird, ist mehr als nur eine Haarsträhne. Sie ist ein wichtiges Erinnerungsstück an die erste Zeit mit Kind.

Die Locke mit einem rosa oder hellblauen Bändchen zusammenbinden und gemeinsam mit Babybildern in einem Fotoalbum aufheben oder in einem Bilderrahmen oder in einem Medaillon.

Alle Jahre wieder das gleiche Foto

Alle Jahre wieder am gleichen Tag und am gleichen Ort den Sohn oder die Tochter fotografieren – zum Beispiel auf dem immer gleichen Sessel sitzend vor dem immer gleichen Fenster.

Ein Foto unter das andere auf einen ellenlangen Pappstreifen kleben. Den Pappstreifen wie eine Ziehharmonika falten. Mit Hilfe solch einer Fotoserie läßt sich dokumentieren,

- wann die Haare lang, wann sie kurzgeschnitten waren
- wann aus kleinen Kinderfüßen große wurden.

Patschhände

Aus kleinen Händen werden schnell große. Die Veränderung läßt sich dokumentieren: Die Babyhand auf Papier legen, festhalten, mit Filzstift Finger für Finger umrunden, die Papierhand ausschneiden, das Datum einschreiben und ins Fotoalbum kleben zu entsprechenden Fotos der gleichen Entwicklungsphase. Das Ritual alljährlich wiederholen und zwar an einem ganz festen Termin – etwa immer am ersten Januar.

Oder einen Klumpen Knetmasse auf einen Pappteller legen, platt drücken und dann die Hand in der Knetmasse abdrücken. Besonders geeignet: Knetmasse, die sich im Backofen härten läßt.

Statt der Knetmasse eignet sich auch Salzteig. Das Rezept: 1 Tasse Mehl, eine Tasse Salz, 2 Eßlöffel Öl mit warmem Wasser verrühren bis ein fester Teig entsteht. Den Teig ordentlich durchkneten, auf einem Teller ausbreiten, dann die Hand in dem Teig abdrücken. Den Abdruck im Ofen bei 75° zwei Stunden lang härten.

Meßlatte im Türstock

Im Kleinkind- und Kindergartenalter interessieren sich Kinder noch herzlich wenig für ihre Größe. Das ändert sich mit dem Schuleintritt. Jetzt möchten sie genau wissen, wieviel Zentimeter sie Jahr für Jahr zulegen. Eine Möglichkeit, die Veränderung sichtbar zu machen: Das Wachstum am Türstock im Kin-

derzimmer anzeichnen samt genauer Zentimeter- und Jahres-
zahl.

Entwicklungskalender

Einmal im Jahr die wichtigsten Entwicklungsdaten in ein Ex-
traheftchen eintragen. In Stichworten die seelische, geistige,
körperliche und soziale Entwicklung, die Freuden und die Leiden der Kinderjahre beschreiben: Welche Freunde kommen
und gehen? Welche Interessen, welche Probleme, welche besonderen Erlebnisse ergeben sich im Laufe der Zeit?

Der Endlosbrief

Mit dem ersten Geburtstag beginnen, einen Brief an das Geburstagskind zu schreiben. Den Brief Jahr für Jahr, und zwar
immer am Geburtstag weiterschreiben. Jeweils ein, zwei Seiten
dazufügen. In dem Brief die Höhen und Tiefen des Familienlebens beschreiben: die Freuden und die Ärgernisse. Die Feste
und die Tiefpunkte. Die Alltage und die Sonntage. Den Brief
bis zum achtzehnten Geburtstag fortschreiben und ihn dann,
edel gebunden oder eingepackt, dem Kind als Geschenk überreichen.

Das ganz normale Chaos

Einer unterbricht den anderen. Alle reden gleichzeitig. Der
Jüngste am Tisch beschwert sich, daß er nie zu Wort kommt.
Der Ältere mag seinen Salat nicht essen – das ganz normale
Chaos während des Abendbrots.

Je mehr Familienmitglieder bei Tisch sitzen, desto aussagekräftiger die folgende Aktion: Das alltägliche Durcheinander mit Hilfe von Kassette und Recorder zwischendurch immer mal wieder heimlich aufnehmen und abhören. Gemeinsam über das staunen, was da zu hören ist. Die kostbaren Erinnerungsstücke für spätere Zeiten aufbewahren.

Oder den Familienalltag filmen. Das Alltägliche dokumentieren, nicht nur das Außergewöhnliche.

Selbstportraits

Immer wieder und über Jahre hinweg, das Kind anregen, ein Selbstportrait zu malen. Die Portraits in einer Extramappe sammeln.

Der Kindheitskoffer

Eine Tageszeitung vom Geburtstag, einen Pfennig, geprägt im Geburtsjahr, die erste Mütze, den ersten Schuh, den ersten

Knuddelteddy, das Kuscheltuch, die Spieluhr, die Kindergartentasche, das Lieblingsbilderbuch – die wichtigsten Utensilien aus der Baby-, Kleinkind-, Kindergartenzeit nicht einfach ausrangieren oder verschenken, sondern sorgsam verpackt und beschriftet in einem Extrakoffer sammeln. Jahrzehnte später wieder hervorgekramt, wird dieser Koffer zu einer Schatzkiste schönster Erinnerungen.

Die Ferienkiste

Jedem Kind zum zweiten Geburtstag eine Holzkiste mit Vorhängeschloß schenken. Sehr groß muß die Kiste nicht sein.

In der Kiste die schönsten Ferienerinnerungsstücke sammeln, die im Laufe der Kindheit zusammenkommen: Muscheln und getrocknete Seesterne, Eintritts- und Fahrkarten, Kunstpostkarten und Fotos, Wurzelstücke und Steine – alles, was am Strand und im Wald aufgeklaubt und eingesteckt oder im Ferienort gekauft und gesammelt wird. Auf die Kostbarkeiten Zettelchen pappen. Die wichtigsten Daten darauf vermerken.

Das Geschenkebuch

Sicherlich – bei jedem Geburtstagsfest, bei jedem Weihnachtsfest – beschließen Mutter oder Vater, das hoch in Ehren zu halten, was die Kinder ihnen basteln und schenken. Leider gehen manche Kindergeschenke – allem Aufbewahrungswillen zum Trotz – doch mit der Zeit verloren oder werden zu Staubfängern. Eine Möglichkeit, sie zu bewahren: Jedes Geschenk fotografieren. Die Fotos mit Datum in ein Extrafotoalbum kleben. Auf diese Weise bleiben die Geschenke, man kann sie noch Jahre später anschauen.

Den Zusammenhalt fördern

Liebeserklärungen sind selten – auch zwischen Eltern und Kind. Warum eigentlich? Vielleicht weil es nicht einfach ist, das »ich habe dich lieb« unverkrampft auszusprechen und dazu noch den richtigen Moment für die Liebeserklärung abzupassen. Leichter fällt es oft, die Zuneigung indirekt mit Hilfe kleiner Liebesbeweise zu zeigen.

Liebeserklärung

Wecke ich dich morgens,
denke ich,
wie froh ich bin,
daß es dich gibt!

Gehe ich mit dir in den Zoo,
denke ich,
wie stolz ich bin,
daß du mein Kind bist.

Freundschaftsbänder

Ein Freundschaftsband drückt Zuneigung aus. Solch ein Band wird also nur wahren Freunden geschenkt und soll gleichzeitig ein Glücksbringer sein.

Auch Mütter, Väter, Schwestern, Brüder können Freunde sein und Freundschaftsbänder geschenkt bekommen oder helfen, sie möglichst kunstvoll aus Bändern, aus Fäden oder aus verschiedenen Lederriemen zu knüpfen und zu flechten und sie mit Perlen zu verzieren.

Liebesbilder

Eine Anregung für alle, die gerne malen und zeichnen: Familienereignisse skizzieren oder als Comic darstellen. Die Bilder austauschen: Einer legt sie dem anderen abends als Geschenk aufs Kopfkissen.

Fototag

Gemeinsam mit Kind oder Kindern die Fotos sortieren oder einkleben, die im Laufe eines Jahres zusammen gekommen sind. Ein Zeremoniell daraus machen. Immer einen ganz bestimmten Termin für diese Arbeit verabreden – zum Beispiel immer die ersten Tage im neuen Jahr dafür vormerken. Später als Belohnung nach getaner Arbeit zusammen alte Fotos aus frühen Kindertagen betrachten oder (und) alte Filme.

Alte Zeiten

»Wie war es bei dir zu Hause? Waren deine Eltern streng? Wie habt ihr die Ferien verlebt? Warst du gut in der Schule?« Kinder interessieren sich für alte Geschichten von früher. Aus dem Erzählen ein Frage- und Antwortspiel machen, das vor allem bei langen Autofahrten gespielt wird.

Bürotage

Natürlich wissen Kinder, wo ihre Eltern arbeiten und auch, warum. Schon schwerer fällt es ihnen, sich vorzustellen, wie diese Arbeit aussieht. Hilfreich: Seinen Sprößling ab und zu mit ins Büro oder ins Geschäft nehmen, damit er sich selbst einen Eindruck verschaffen kann. »Büroarbeit«, die Kindern Freude macht:

- ein Bild malen und dieses Bild später in Sichtweite von Mamis oder Papis Arbeitsplatz aufhängen
- Papiere lochen und klammern
- Konfetti aus den Lochern leeren, eintüten und mit nach Hause nehmen
- Kollegen besuchen
- mit dem Computer schreiben
- die Telefonanlage studieren
- Schreibtischschublade aufräumen
- die Kantine besuchen.

Oder Vater oder Mutter abends abholen, sich dabei am Arbeitsplatz umschauen, dann gemeinsam nach Hause gehen und auf dem Gang über die Erlebnisse des vergangenen Tages reden.

Glücksbringer

An Wunderkräfte von Talismanen glauben die wenigsten. Glücklicherweise gehen die meisten Kinder vernünftig damit um. Glücksbringer sind für sie nicht mehr als Spielzeuge. Und die entsprechenden Spiele heißen: Ich will fest an mein Glück glauben. Glücksbringer, egal ob Schwein bis Pfennig, sind meist mehr Nebensache. Beliebte Rituale mit Glücksbringern:

- den Lieblingsteddy als Talisman auf dem Schultisch postieren, wenn eine Schulaufgabe ansteht
- ein vierblättriges Kleeblatt pressen und der Freundin als Glücksbringer ins Poesiealbum kleben
- einen kupferglänzender Pfennig in der Jackentasche deponieren
- einen Schornsteinfeger auf den Brief an die Freundin malen, der signalisiert: Ich wünsche dir Glück!

Eltern spielen das Glücksspiel häufig mit. Sagen »Toi, toi, toi«, wenn ein Wettkampf ansteht oder klopfen auf Holz.

Glückwünsche

Viel Glück und viel Segen,
auf all deinen Wegen,
Gesundheit und Frohsinn
sei auch mit dabei.

Lebe glücklich, lebe froh,
wie der Mops im Paletot.

Gute Wünsche nicht nur an Geburtstagen aussprechen. Sie bringen immer Glück.

Glücksschwein

Ein Glücksschwein basteln, ein Schwein, das einen Glückspfennig im »Bauch« trägt, damit sich das Glück verdoppelt:

In eine leere Streichholzschachtel einen Glückspfennig legen. Aus rosa Tonpapier eine Manschette für die Streicholzschachtel schneiden, dazu einen Schweinekopf, ein Schweineschwänzchen und Schweinefüße. Alles an und auf die rosa Schachtel kleben, so daß sich die Streichholzschachtel in ein Glücksschwein verwandelt.

Glückspfennig

Aus zwei Pfennigen und Papier wird eine Katze und aus der Katze ein Glücksbringer:

Einen pfenniggroßen langhalsigen Katzenkopf und einen Katzenschwanz auf Papier zeichnen und ausschneiden.
Katzenbeine basteln: Zwei schmale Streifen aus Papier schneiden (Länge etwa 4 cm) und jeweils in der Mitte knicken.
Den Katzenhals, den Katzenschwanz und die Katzenbeine mit Alleskleber zwischen zwei Pfennige kleben, die Papierstreifen unten umknicken. Einmal nach rechts außen, einmal nach links außen knicken, damit die Katze stehen kann.

Den Glücksbringer verschenken.

Glücksklee

Aus grünem Tonpapier vierblättrige Kleeblätter schneiden. Jedem Familienmitglied ein Glücksblatt auf seinen Frühstücksteller legen.

Glücksstein

Von einem Spaziergang einen kleinen, glatten Stein mitbringen. Den Stein polieren und als Handschmeichler verschenken, der Glück bringen soll und, in der Hosentasche versteckt, immer wieder in der Hand bewegt wird.

Glückskästchen

Ein Ritual, das Kindern im Grundschulalter Freude macht: Die Hülle einer Streichholzschachtel mit Tonpapier bekleben. Auf das Papier einen Schornsteinfeger zeichnen oder einen Glückspfennig kleben. In die Schachtel ein paar Gummibärchen packen oder ein Bonbon.

Die Schachtel immer dann heimlich als Glücksbringer ins Federmäppchen schummeln, wenn eine Schulaufgabe bevorsteht.

Geheimnisvolles

Eltern-Tip

Kinder sind Geheimniskrämer und lieben es, mit anderen geheime Rituale zu teilen. Das macht den Alltag farbiger und stärkt dazu noch das Zusammengehörigkeitsgefühl. Vor allem im ersten Schulalter haben sie viel übrig für Magisches.

Nichtverstehlied

Dona nobis pacem, pacem,
dona nobis pacem,
dona nobis pacem,
dona nobis pacem,
dona nobis pacem,
dona nobis pacem.

Eine fremde Sprache hören, das fasziniert Kinder, und zwar erst recht, wenn ganz vertraute Personen plötzlich in einer fremden Sprache singen oder sprechen und das Spiel häufiger wiederholen. Dieses Können übt einen ganz besonderes seltsamen Reiz aus: Plötzlich ist ihnen die vertraute Person ein Stückchen fremder.

Geheimbrief

Ab und zu Briefe in Geheimschrift schreiben und austauschen: mit Zitronensaft geschriebene Briefe. Die Schrift wird erst sichtbar, wenn man das Papier über eine brennende Kerze hält.

Überraschungszeremonie

Zwei Familienmitglieder tun sich zusammen und hecken einen geheimen Plan aus, überraschen andere mit einem festlichen Abendbrot – ganz außer der Reihe. Oder mit einer Sonderaktion, etwa einem Picknick auf der Wiese.

Hasensprache

Geheime Absprachen treffen –, ein Spiel, das alle Kinder mögen. Zum Beispiel eine Hasensprache verabreden:
- wenn ein roter Papphase im Fenster steht, dann heißt das: »Ich würde mich über einen Besuch von dir freuen!«
- wenn ein gelber Hase im Fenster steht, bedeutet das: »Keine Zeit für dich, ich muß Hausaufgaben machen!«
- wenn ein grüner Hase im Fenster steht: »Denk dir was aus, was könnten wir zusammen unternehmen?«

Gemütlich zusammensitzen

Bei den Eltern unterschlupfen,
zu ihnen unter die Bettdecke kriechen,
es sich auf ihrem Schoß bequem machen,
mit ihnen lachen und reden.
Kleine und auch große Kinder
mögen solche Rituale.
Sie freuen sich, wenn die Großen sich
auf sie und ihre Bedürfnisse einlassen
und Zeit für sie haben.

Quatsch machen und lachen

Die Vorfreude ist die allerschönste Freude – auch schon für Babys, erst recht für ältere Kinder. Nimmt Mutter die Mütze vom Garderobenhaken, weiß ihr einjähriger Sohnemann schon, was das heißt: Gleich wird Mami die Mütze aufsetzen und Faxen machen.

Oder einfach wunderbar, daß Papa es sich, wenn er abends nach Hause kommt, immer zuerst auf dem Sofa bequem macht und so tut, als schnarche er tief und fest, in Wirklichkeit aber darauf wartet, daß man ihn mit hundert Küssen weckt.

Geübten Eltern ist klar, wie wichtig diese alltäglichen Spielereien, diese liebgewordenen Gewohnheiten im Umgang miteinander sind, die nach dem immer gleichen Muster ablaufen. Auch wenn jeder genau weiß, was gleich kommt, bleibt die Spannung: Werden die Großen wirklich wieder den gleichen Blödsinn machen?

Wehe, wenn nicht: Kinder sind konservativ. Von den ewig gleichen Späßen können sie meist nicht genug bekommen. Was immer so war, soll bitte lange so bleiben, möglichst oft wiederholt werden. Der immer gleiche Blödsinn, das was Erwachsene nach kurzer Zeit nervt, wiederholen Kinder oft mit Begeisterung: »Mach das bitte wieder!«

Diese Erinnerungen bleiben. Später können sie auf diese emotionalen Erfahrungen zurückgreifen, die Gefühle wiederbeleben, die sie tief im Inneren gespeichert haben und in Gedanken daran noch einmal lachen.

Fingerspiele

Da hast 'nen Taler,
geh' auf den Markt,
kauf dir 'ne Kuh,
Kälbchen dazu.
Das Kälbchen hat ein Schwänzchen,
dideldideldänzchen.

Die Hand des Kindes streicheln, mit der letzten Zeile kitzeln.

Der ist ins Wasser gefallen,
der hat ihn wieder herausgeholt,
der hat ihn ins Bett gelegt,
der hat ihn zugedeckt,
der hat ihn wieder aufgeweckt.

Zwei Klassiker unter den Fingerspielen, seit Generationen schon bei Kindern beliebt.

Fünfzimmerhaus

Ein Spiel, das sich beliebig wiederholen läßt, und dennoch immer anders ist:

Zwei Hände auf den Tisch legen. Die Finger spreizen. Dann mit einem Finger der anderen Hand von einem Raum zwischen den Fingern in den anderen springen und jeweils erzählen, wer in den verschiedenen Zimmern wohnt. Danach die Rolle tauschen: Wer soll jetzt in den Räumen zwischen den Fingern wohnen?

Eine Variante des Spiels für ältere Kinder: Wieder von einem Raum zwischen den Fingern in den anderen springen und

dabei jeweils einen neuen Tier- oder Pflanzen- oder Mädchen-
oder Jungen-, Fluß-, Länder- oder Städtenamen nennen.

Schleifenwesen

Ein Zeremoniell nach dem Haarewaschen: Die Haare aus
Spaß ab und an mal zu Zöpfen flechten. Die Prozedur kann
auch kleinen Jungen Spaß machen. Jedem Zopf gemeinsam mit
dem Kind einen anderen Namen geben. Zopf eins heißt Augu-
stin, Zopf zwei Ottilie. Den Zöpfchenkopf dann zusammen im
Spiegel anschauen. Eventuell die Rollen tauschen.

Züngeln

Zusammen vor einem großen Spiegel stehen, Grimassen schnei-
den und Zungenübungen machen – ein Vergnügen, das kleinen
Kindern nie langweilig wird:
- Wer kann aus der Zunge eine Röhre formen?
- Wer mit der Zunge »fast« die Nasenspitze berühren?
- Wer hat die längste Zunge?
- Wer kann das am schnellsten mit der Zunge machen, was der
  andere sagt: In den rechten Mundwinkel schieben. Oder rund-
  herum den Mund ablecken. Oder die rechte Wange ausbeulen
- Wer macht die größten Fortschritte beim Grimassenschnei-
  den?

Sonne oder Blume?

Dem Kind mit einem Finger ein einfaches Bild auf den Rücken
zeichnen: Sonne oder Blume oder Baum. Dann raten lassen:

»Was habe ich gezeichnet?« Für ältere Kinder: Buchstaben auf den Rücken schreiben oder ganze Wörter.

Eine Variante des Spiels: Ein Wort vorgeben zum Beispiel: Schnecke. Dann ein Haus auf den Rücken zeichnen und raten lassen: Wie passen Wort und Bild zusammen? (Lösung: Schneckenhaus)

Das Spiel zu einer festen Einrichtung nach dem Baden und Abtrocknen werden lassen: »Soll ich dir wieder ein Bild auf den Rücken zeichnen?«

Der Kitzel

Ein Pustespiel, das man nach dem Wickeln eines Babys oder dem Baden machen kann. Erst vorsichtig, dann kräftiger pusten: über den Bauch des Kindes pusten. Den Hals entlang pusten. In den Nacken pusten. Über die Fußsohlen pusten.

Karpfen

Tief Luft holen, beide Backen aufblasen, bis das Gesicht Ähnlichkeit mit dem Antlitz eines Karpfens gewinnt. Die Luft anhalten. Die Luft dann mit einem lauten »Blupp« entweichen lassen, wenn ein Mitspieler dem »Karpfen« gleichzeitig auf beide Wangen drückt oder nacheinander – erst auf die rechte, dann auf die linke Wange.

Gebrochene Nasen

Ein Bluff, vorgeführt von einem Erwachsenen, über den sich ein kleines Kind kringelig lachen kann:

Die Nase in ein spitzgiebliges Zelt stecken, das aus beiden Händen gebaut wird.

Die Hände mit einem Ruck bewegen und gleichzeitig den Daumen in den Mund stecken und laut auf den Daumennagel beißen, so daß ein Knacken zu hören ist und damit der Eindruck entsteht, die Nase würde brechen.

Ringel, ringel Reihe

Ringel, ringel Reihe!
Sind der Kinder dreie.
Sitzen unterm Hollerbusch,
schreien alle husch, husch, husch!

Ein weiteres Versteckspiel für Kleinkinder, das oft wiederholt zu einem geliebten Ritual werden kann: Zu zweit oder dritt »Ringel, ringel, Reihe« spielen. Im Kreis gehen und zusammen den Ringel-ringel-Reihe-Vers singen. Bei der letzten Zeile in die Hocke gehen und »husch, husch, husch« rufen.

Mit Sprache spielen

Immer wenn ein kleiner Stöpsel abends zu Bett gebracht wird, aufzählen, wer jetzt schon längst die Augen zugeklappt hat: »Der Frosch aus dem Tümpel im Stadtpark, Nachbars Katze Milli, der Wellensittich von Tante Klara, alle schlafen längst.« Aus diesem Spiel ein Mami-Ritual machen: Nur sie ist dafür zuständig.

Bringt hingegen der Vater seinen kleinen Sohn oder seine kleine Tochter zu Bett, dann ist er für die Koseworte zuständig, flüstert seinem Kind die verrücktesten ins Ohr.

Bereits in den ersten Lebenswochen ergeben sich meist bestimmte Gesprächsrituale zwischen groß und klein. Oft ist Eltern nicht bewußt, daß sie in bestimmten Momenten immer das Gleiche sagen. Diese festen, sich ständig wiederholenden »Spiele«, diese berechenbaren Reaktionen der Erwachsenen werden zu wichtigen Bausteinen für das Fundament einer befriedigenden Beziehung.

Gerade erst des Sprechens mächtig, können Kinder bereits herzhaft über Sprachspiele lachen. Sie begeistern sich für jeden lautmalerischen Singsang und wollen immer wieder die gleichen Verse hören: noch einmal und dann bitte, bitte noch einmal dasselbe. Selbst wenn sie die Verse längst mitsingen, in- und auswendig können, wollen sie sie wieder und wieder hören. Mit der Zeit verändern sie die altbewährten Verse manchmal, dichten sie um, erfinden neue, freuen sich an Abzählversen und Zungenbrechern.

Du bist raus

Mein Vater kaufte ein Haus.
An dem Haus war ein Garten.
In dem Garten war ein Baum.
Auf dem Baum war ein Nest.
In dem Nest war ein Ei.
In dem Ei war ein Dotter.
In dem Dotter war 'ne Laus,
eins, zwei, drei und du bist raus!

*Ein Fingerspiel. Mit der ersten Zeile auf den ersten Finger der Kinder-
hand tippen, mit der zweiten auf den zweiten Finger, mit der dritten
auf den dritten. Und so weiter. Zum Schluß auf die Nase tippen. Das
Spiel wieder und wieder spielen, bis es endlich seinen Reiz verliert.
Eine Variante für ältere Kinder: Beim Autofahren nach dem gleichen Muster neue Geschichten erfinden.*

Dickmadam

Eine kleine Dickmadam
fuhr mal mit der Eisenbahn.
Eisenbahn, die krachte,
Dickmadam, die lachte.
Lachte, bis der Schutzmann kam
und sie mit zur Wache nahm.

*Aus dem Spiel eine Zeremonie machen, mit dem Schmuse-
stündchen eingeleitet werden. Die »Dickmadam« auf dem Schoß
wiegen und bei den letzten Zeilen kitzeln.*

Dunkel war's

Dunkel war's, der Mond schien helle,
Schnee lag auf der grünen Flur,
als ein Auto blitzeschnelle
langsam um die Ecke fuhr.

Drinnen saßen stehend Leute,
schweigend ins Gespräch vertieft,
als ein totgeschoss'ner Hase
auf der Sandbank Schlittschuh lief.

Eine Lügengeschichte, die kleine Kinder gerne hören, gerne aus-
wendig lernen und mit Vergnügen immer wieder zum besten geben
– zum Beispiel immer abends beim Abtrocknen nach dem Baden.

Zungenbrecher

Fischers Fritze fischte frische Fische.
Frische Fische fischte Fischers Fritze.

⌇

In Um, um Ulm
und um Ulm herum.

⌇

Es klapperten die Klapperschlangen
bis die Klappern schlapper klangen.

An diesen Zungenbrechern haben sich schon Generationen ver-
sucht. Wer schafft es, sich nicht zu verhaspeln? Ein Ritual:
Auf Spaziergängen neue Zungenbrecher erfinden und erproben.

Rätsel

Eines Vaters Kind,
einer Mutter Kind
und doch niemandes Sohn
(Tochter)

Es hat zwei Flügel und kann nicht fliegen,
es hat einen Rücken und kann nicht liegen,
es hat ein Bein und kann nicht stehn,
es kann laufen, aber nicht gehn.
(Nase)

Aus dem Rätselraten ein Spiel für zwei machen – ein Ritual, das sich über Wochen hinzieht. Erst ein Rätselheft anlegen. Dann immer abwechselnd Rätsel ins Heft schreiben und eine Spielregel verabreden: Wer das vorherige Rätsel gelöst hat, darf ein neues einschreiben.

Erzählen, miteinander reden, vorlesen

Rituale, die Erwachsenen helfen, mit Kindern ins Gespräch zu kommen:

- nach dem Mittagessen oder Abendbrot regelmäßig noch eine Weile am Tisch sitzen bleiben, also nicht gleich abräumen und zur Tagesordnung übergehen, sondern Ruhe ausstrahlen und so signalisieren: Jetzt ist reichlich Zeit, miteinander ins Gespräch zu kommen
- nachmittags, möglichst immer zur gleichen Zeit, eine Kakao-, Kaffee-, Teezeremonie einplanen. Ums Tee- oder Kaffeetrinken geht es dabei erst in zweiter Linie. Das Ritual bedeutet: Ich habe Zeit und Lust zu reden. Ich sitze hier gemütlich. Wenn einer kommt: gut. Wenn keiner kommt: auch gut. Keinen Druck ausüben – nach dem Motto: »Wenn ich schon auf dich warte, dann erwarte ich auch, daß du dich zu mir setzt …«
- häufig Spaziergänge machen, und zwar regelmäßig. Eine feste Gewohnheit im Familienleben daraus machen: mal mit Kind und Kegel losmarschieren, mal ohne. Einfach stur auf dieser Gewohnheit beharren – auch, wenn die Kinder jahrelang nicht mitkommen. Irgendwann werden sie wahrscheinlich wieder mitlaufen.

Beim Spazierengehen ergeben sich oft die besten Gespräche, denn jetzt haben alle Zeit. Alle sind entspannt. Nichts lenkt vom Gespräch ab.

Vorleselotto

Sieben Vorlesegeschichten auswählen – für jeden Tag der kommenden Woche eine Geschichte. Die Titel auf sieben Zettel schreiben. Jeden Zettel in einen Extrabriefumschlag stecken. Die Umschläge zukleben, lochen und dann auf ein Band fädeln. Das Band mit den Umschlägen im Kinderzimmer aufhängen.

Das Ritual: Das Kind darf jeden Tag einen Umschlag vom Band schneiden und öffnen. Die entsprechende Geschichte wird dann vorgelesen.

Und dann ...

Kleine Kinder lieben Und-dann-Geschichten nach dem immer gleichen Schema:
Und dann sprang die Ampel auf Rot.
Und dann fuhr der Mercedes auf den Volvo.
Und dann stieg der Fahrer aus dem Volvo.
Und dann stieg die Fahrerin aus dem Mercedes.
Und dann schimpften beide gleichzeitig.
Und dann ...

Wie endet die Geschichte schließlich? Solche Geschichten abwechselnd mit vielen Und-dann-Sätzen weitererzählen – zum Beispiel beim Autofahren.

Sag mal …

Sag mal Meckschneckschneck!
Meckschneckschneck.
So heißt meine Ziege.

Sag mal Tirillili!
Tirillili.
So heißt mein Huhn.

Sag mal Muhkuhlulu!
Muhkuhlulu.
So heißt meine Kuh.

*Die seltsamen Namen nachsprechen, neue Namen erfinden, die
Geschichte endlos weiterspinnen – ein Hit bei Sprachanfängern.*

Von Montag bis Sonntag

Ein Wochenendritual für zwei. Sonntags morgens im Bett einen
Plan für die kommende Woche ausdenken, einen nicht ganz
ernstgemeinten Plan:

Am Montag rudern wir nach Afrika.
Am Dienstag kaufen wir das Kaufhaus leer.
Am Mittwoch fliegen wir zum Mond.
Am Donnerstag treffen wir den König von Frankreich.
Am Freitag finden wir Gold.
Am Samstag fangen wir einen Räuber.
Am Sonntag besuchen wir Schneewittchen.

Zum Essen rufen

Die einen trödeln, die anderen beginnen gleich sich Kartoffeln zu nehmen. Mahlzeiten mit Kindern gut über die Runden zu bringen, ist nicht einfach. Beginnt die Mahlzeit mit einem eingeübten Ritual, kehrt eher Ruhe ein:

- die Mahlzeit mit einem Tischgebet beginnen
- oder einander die Hände reichen und gemeinsam »Guten Appetit« wünschen
- oder hinter dem Stuhl warten, bis alle Familienmitglieder versammelt sind und sich dann erst setzen
- oder zu Beginn der Mahlzeit erst einmal ein Momentchen schweigen und danach erst losreden.

Zum Essen rufen

Ringel ringel Rose,
süße Aprikose,
Veilchen und Vergißmeinnicht –
alle Kinder setzen sich

Morgens früh um sechse,
kommt die kleine Hexe,
morgens früh um sieben
schabt sie gelbe Rüben,
morgens früh um acht,
wird Kaffee gemacht,
morgens früh um neune
geht sie in die Scheune,

morgens früh um zehne
holt sie Holz und Späne;
feuert an um elfe,
kocht dann bis um zwölfe:
Fröschebein und Krebs und Fisch,
hurtig, Kinder, kommt zu Tisch!

Wer nicht kommt
zur rechten Zeit,
der muß nehm',
was übrigbleibt.

*Vorm Essen, beim Tischdecken oder Auftragen Kinder mit ver-
schiedenen Spielversen unterhalten.*

Rosinenwünsche

Fünf Extrarosinen ins Morgenmüsli streuen. Jede Rosine steht
für einen ganz bestimmten Wunsch – zum Beispiel:

Die erste Rosine wünscht dir schönes Wetter.
Die zweite Rosine wünscht dir viel Spaß im Kindergarten.
Die dritte Rosine wünscht dir spannende Spiele.
Die vierte Rosine wünscht dir Musik, die dir gefällt.
Die fünfte Rosine wünscht dir viel Freude beim Malen.

Eikicken

Ein Frühstücksritual für zwei: Jeder nimmt sein Frühstücksei in
die Hand. Dann werden die Eier – Spitze auf Spitze – angetippt.
Welches Ei bleibt ganz? Welche Eierschale zerbricht? Wer Pech
hat – die Eierschale zerbricht –, hat zum Trost einen Wunsch frei.

Pusten

Pusten, pusten,
vorsichtig leis,
die Suppe ist
ganz gräßlich heiß.

Pusten, pusten,
jetzt bitte halt,
die Suppe ist
nun richtig kalt.

Pusten, wenn die Suppe oder der Brei noch heiß ist.

Häppchen für ...

Ein Häppchen für Mami,
ein Häppchen für Papi,
ein Häppchen für Oma,
ein Häppchen für Opa ...

Wer würde sich außerdem noch über ein Häppchen freuen? Dieses Ritual will Kinder nicht zum Essen überreden, sondern langsame Esser unterhalten, damit das Am-Tisch-Sitzen nicht so schnell langweilig wird und sie so bei der Stange halten.

Serviettengedicht

Ein Ritual, das Schulanfängern Freude macht, die stolz auf ihre Lesekünste sind: Kurze Verse oder Gedichte auf kleine Papiere schreiben. Dann und wann einen Zettel mit Gedicht so in der Serviette verstecken, daß er beim Mittag- oder Abendessen entdeckt wird.

Mittagessen raten

Der richtige Moment für dieses Spiel: kurz vorm Mittagessen, wenn die Suppe oder die Kartoffeln noch ein Momentchen auf sich warten lassen. Am Tisch sitzen, genau anschauen, was auf dem Tisch steht, die Augen schließen und dann versuchen, alles aufzuzählen, was auf dem Tisch steht. Es wird reihum gespielt. Jedes Familienmitglied ist bei einer anderen Mahlzeit an der Reihe.

*F*amilienwitzeleien

Eltern-Tip

Jede Klein- und Großfamilie hat ihre eigenen Witzeleien. Alle kennen sie, und jeder weiß schon im voraus, was gleich kommt. Macht gar nichts. Gerade weil alle Bescheid wissen in der Familienrunde, sind die altbekannten Witzeleien noch immer beliebt. Gemeinsames Schmunzeln verbindet.

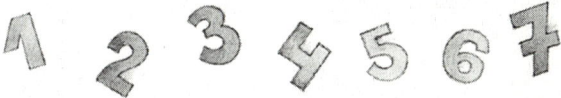

Schatzsuche

Eins, zwei, drei, vier, fünf, sechs, sieben,
wo ist denn mein Schatz geblieben?
Ist nicht hier, ist nicht da,
ist wohl in Amerika.

Das immer gleiche Suchspiel mit kleinen Kindern machen. Mit Riesenschritten suchend durchs Zimmer eilen. Sich dumm stellen. Überall herumgucken. Und den Schatz erst nach langem Herumgucken finden.

Wo ist die Nase?

Das Kind an der Nase zupfen und gleichzeitig fragen: »Wo ist deine Nase geblieben?«

Dann ganz schnell eine Hand zur Faust ballen, den Daumen zwischen Zeigefinger und Mittelfinger herausschieben und dem Kind zeigen: »Da habe ich deine Nase!«

Selbst wenn sie das Spiel längst durchschauen, freuen sich kleine Kinder immer wieder über den Scherz.

Speisekarte

Mit Hilfe einer selbstgeschriebenen Speisekarte samt hochtrabender Menübeschreibung ein »Festmahl« aus einem ganz normalen Mittagessen machen. Ein Spaß, der – ab und zu wiederholt –, gerade Schulanfängern Freude macht, die sich gerne im Lesen üben:

Vorspeise: gesottenes Löschpapier mit Kokosraspeln
Erster Gang: in Essig eingelegte Schuhsohle mit Lehmspritzern
Zweiter Gang: Regenwassersuppe mit zerriebenen Rosenblättern
Dritter Gang: Baumrinde auf Torferdenpaste mit Kieselsteinen
Nachtisch: in Gras gewickeltes Strohhalmpüree

Wer denkt sich neue Speisekarten aus?

Löwenei

Für Kinder ein immer gleiches Vergnügen: mit dem Messer die Kappe vom Frühstücksei entfernen. Das Entzücken ist groß, wenn in der Schale kein Ei, sondern ein Löwe steckt. Wie der Löwe ins Ei kommt:

Die Kappe vom Ei schlagen. Eiweiß und Eigelb auslaufen, die Eierschale vorsichtig auswaschen und trocknen lassen. Einen Löwen auf dünnen Karton zeichnen, ausschneiden, in die Eierschale stecken. Das Ei in einen Eierbecher setzen – Loch nach unten – und als Frühstücksei servieren.

Bei nächster Gelegenheit den Spaß wiederholen, nur statt des Löweneis jetzt ein Känguruhei servieren.

Morra

Ein Fingerspiel für zwei. Die Spieler stehen voreinander. Der Spaß kann beginnen:

Der eine ballt eine Hand zur Faust. Zählt bis drei. Streckt dann gleichzeitig beliebig viele Finger aus der Faust, zeigt zum Beispiel drei Finger. Und nennt gleichzeitig eine Zahl zwischen eins und zehn, sagt »sieben«. Der andere zeigt vielleicht fünf Finger und sagt »neun«. Jetzt werden die hochgestreckten Finger gezählt: drei Finger und fünf Finger macht acht Finger. Keiner hat in diesem Fall gewonnen, weil der erste Spieler die Zahl sieben und der zweite die Zahl neun genannt hat.

Wer einen Treffer landet, darf sich einen Punkt gutschreiben. Gewinner ist, wer nach zehn Runden die meisten Punkte gesammelt hat.

Schwalbennest

Eine Kuh, die saß im Schwalbennest
mit sieben jungen Ziegen,
die feierten ein Jubelfest
und fingen an zu fliegen.

Der Esel zog Pantoffeln an,
ist übers Haus geflogen
und wenn das nicht die Wahrheit ist,
so habe ich gelogen.

Häufiger aus Bettdecke und Kopfkissen ein »Schwalbennest« im Bett bauen und dann gemeinsam laut und deutlich als Auftakt fürs Gemütlichmachen im Nest die unglaubliche Geschichte von Kuh und Esel erzählen oder andere Blödsinn-Geschichten aufsagen oder erfinden.

Nashorn

Einen großen Stachel besorgen – zum Beispiel von einer Rose. Dann den Kopf in den Nacken legen, den Stachel wie ein Horn auf die Nase setzen und Nashorn spielen: Den Stachel ein Weilchen auf der Nase balancieren.

*S*pielen – *ganz genau nach Regel*

Ein Renner bei kleinen Kindern: gemeinsames Spielen mit den Eltern. Das muß nicht stundenlang sein, auch Viertelstunden bringen viel – erst recht, wenn das gemeinsame Spielen zum Ritual wird, das heißt: Ich kann mich darauf verlassen und vorweg schon mal freuen, daß ich gegen Abend noch eine Runde mit meiner Mutter oder meinem Vater spiele. Das ist mir sicher. Gemeinsames Spielen signalisiert: Meine Eltern sind gerne mit mir zusammen. Ein paar Tips:

- sich gegenseitig Denksportaufgaben stellen
- egal ob Patience legen oder Scrabble – ein gemeinsames Lieblingsspiel aussuchen und das dann immer wieder spielen
- für ältere Kinder: Personen beschreiben. Die Personen raten lassen. (Geeignet für Autofahrten.)

Zirkus Hosianna

Im Zirkus Hosianna,
da ist es wunderschön,
da kann man für zwei Pfennig
den tollen August sehn.

Alle paar Wochen gemeinsam mit Kindern Zirkus spielen, das Kinderzimmer in eine Arena verwandeln und Kunststücke vorführen.

Teddys Geburtstag

Alle paar Monate Teddys Geburtstag mit Stofftieren und Puppen im Kinderzimmer feiern. Geschenkpäckchen packen: Kleine, schon vorhandene Spielzeuge oder Süßigkeiten in buntes Papier wickeln und mit Bändern verzieren. Aus Plätzchen Kuchen machen, Kakao kochen und mit Puppengeschirr eine Festtafel decken.

Neue Kleider für die Puppen

Viermal im Jahr gemeinsam neue Kleider für die Puppen entwerfen und dann zusammen mit Kindern die neue Frühlings-, Sommer-, Herbst-, und Wintergarderobe nähen.

Eine Variante des Spiels: Anziehpuppen herstellen.
Auf dünne Pappe eine Puppe zeichen, die Arme und Beine von sich streckt. Die Puppe ausschneiden. Dann entsprechende Frühlings-, Sommer-, Herbst- und Winterkleider auf Papier zeichnen, rundum jeweils mit vielen Laschen. Die Kleider ausschneiden. Die Anziehpuppe der jeweiligen Jahreszeit entsprechend anziehen: Die Kleider auf die Puppe legen, die Laschen umknicken, damit die Kleider an der Puppe hängen bleiben.

Zusammen aktiv werden

Kinder sind froh und glücklich,
wenn ihnen die Eltern viel Freiheit lassen.
Wenn sie im Garten, auf der Straße, in den
Häusern der Nachbarschaft spielen und ihre
Kindheit weitgehend selbst gestalten dürfen
und nicht dauernd »erzogen« werden.
Aber nur und rundherum Freiheit genießen,
das ist nicht in ihrem Sinn.
Sie sehnen sich manchmal auch nach
gemeinsamen Aktivitäten.

*S*pazierengehen

»Ich kann nicht mehr!« oder »Ich geh' keinen Schritt weiter!« gefürchtete Sätze bei Eltern, wenn sie mit Kind und Kegel einen längeren Spaziergang oder eine Wanderung machen. Wer vorbaut, wer unterwegs kleine Freuden aus der Tasche zaubern kann oder Ablenkungsmanöver parat hat, kommt gemütlicher ans Ziel. Ein paar Rituale, die sich bewährt haben:

- immer ein Picknick einplanen
- Pausen machen. Möglichst auf einer Spielwiese oder an einem Bach rasten. Aus Erfahrung wissen die Kinder: Pause machen heißt, wir haben jetzt viel Zeit zum Spielen. Und das hebt die Laune
- Spiel- und Werkzeuge dabei haben: einen Ball in Kleinformat, ein Taschenmesser, Klebeband, einen dicken Bindfaden, ein Stück Papier. Aus Stöcken und Rinde, aus Blättern und Früchten unterwegs Spielzeuge basteln.

Ein Hut, ein Stock, ein Regenschirm

Eins, zwei, drei, vier,
fünf, sechs, sieben,
acht, neun, zehn –
ein Hut,
ein Stock,
ein Regenschirm –
vorwärts,
seitwärts,
rückwärts,
ran.

71

Im Gleichklang laut bis zehn zählen und im Gleichschritt zehn Meter gehen. Stehenbleiben und die folgenden drei Zeilen verkünden: »ein Hut, ein Stock, ein Regenschirm«. Dann einen Schritt vorwärts tun, einen seitwärts, einen rückwärts. Danach ein Momentchen rasten, dann weiterlaufen und das Spiel von vorne beginnen.

Waldgeräusche

Im Wald auf einem Baumstumpf sitzen und lauschen:
Höre ich Wind?
Höre ich Blätterrauschen?
Höre ich Vogelstimmen?
Höre ich Bienensummen?
Höre ich Autos fahren?
Höre ich Wasser plätschern?

Hosentaschenschätze

Vorsorge treffen. Für unterwegs ein paar hosentaschenkleine Schätze einpacken – zum Beispiel:
- ein in Goldpapier eingewickeltes Bonbon
- einen Minihüpfball
- einen Witz, ausgeschnitten aus der Zeitung
- einen Fingerring aus Papier.

Während der Wanderung die Schätze nacheinander heimlich in die Hosentasche schummeln und vorher festlegen: Alle Viertelstunde darf ein Mitläufer in der Tasche nach einem Schatz graben.

Grüne Herzen

Bei jeder Wanderung das gleiche Spielzeug dabei haben: fünf kleine Herzen, aus Tonpapier geschnitten, mit grünen Schlaufen als Aufhänger.

Wird unterwegs Pause gemacht, müssen alle Mitspieler wegschauen. Die grünen Herzen jetzt verteilen, an einen Busch zwischen lauter grüne Blätter hängen. Wer findet sie?

Goldtaler

Schokoladentaler in Goldfolie für unterwegs einstecken. Wenn die Wanderer müde werden, das erste Goldstück verstecken. Wer's findet, darf sich wünschen, was es am Abend zu essen gibt. Drei verschiedene Gerichte anbieten.

Bei nächster Gelegenheit den nächsten Goldtaler verstecken. Wer ihn findet, darf bestimmen, was am Abend nach der Heimkehr gespielt wird. Oder »darf« für den Rest des Weges in Reimen sprechen. Oder im Rucksack nach einer Extraration Kekse graben.

Löwen laufen, Tauben fliegen

Ein Zeitvertreib für zwei: Beim Wandern abwechselnd lauter Tiere aufzählen, die sich auf ihren Beinen vorwärts bewegen:
»Löwen laufen.
Kühe laufen.
Hunde laufen.«

Dabei immer weiterlaufen. Erst stehenbleiben, wenn ein Tier genannt wird, das schwimmt oder fliegen kann:
»Tauben fliegen.
Walfische schwimmen.«

Das Spiel immer dann anregen, wenn die Beine beginnen, müde zu werden. Es ist ein Mutmacher, der bedeuten soll: Wir halten durch. Wir schaffen den Rest der Strecke auch noch.

Winter

»Es ist so ungemütlich draußen, so grau!« oder »Ich habe keine Lust in die Kälte zu gehen!«Solche Seufzer bekommen Eltern nicht selten zu hören, wenn sie ihre Kinder im Winter auf Trab bringen wollen mit einem: »Ihr könnt doch nicht monatelang nur drinnen hocken!«

Mit Hilfe von Ritualen gelingt es am ehesten, Kinder aus ihrem Winterschlaf zu reißen. Denn Rituale werden nicht so schnell in Frage gestellt. Sie sind feste, eingespielte Gewohnheiten nach dem Motto: Was bisher üblich war, das bleibt auch so. Daß sie an diesen Gewohnheiten, die nicht nur Spaß und Freude machen, schließlich sogar hängen, geben manche Kinder Jahre später zu. Ein paar Tips für Rituale, die müde Kinder munter machen:

- Vögel fachgerecht und regelmäßig füttern
- die Enten im Park besuchen
- Schneeballschlachten veranstalten.

Filmtag

An einem ganz bestimmten Wintertag Filme aus alten Zeiten anschauen: So war's damals, als die Kinder noch klein waren. Oder gemeinsam Fotos anschauen.

Katzenspiel

ABC, die Katze lief im Schnee,
und als sie wieder rauskam,
da hat sie weiße Stiefel an,
Oh jemineh, oh jemineh
die Katze lief im Schnee.

*Ein Ritual für kleine Kinder: Bei Schneespaziergängen Katze spie-
len. Durch tiefen Schnee auf einer Wiese stapfen. Das Katzenlied
dazu singen. Und dann mit weißen »Pfötchen« aus dem tiefen
Schnee wieder auf den geräumten Weg zurückkehren.*

Nachtwanderung

Im Februar eine Nachtwanderung einplanen. In den Wald gehen, denn im Februar balzt der Waldkauz. Dann läßt er nachts sein geheimnisvolles, trauriges »Huh-hu-hu« hören. Diesen Ruf kann man nachmachen:

Die Hände so zusammenfalten, daß sie einen Hohlraum bilden. Die Daumen parallel auf diesen Hohlraum legen. Dann die Lippen auf den Spalt zwischen den Daumen setzen und leicht in den Spalt zwischen den Daumen blasen. Die Töne, die sich jetzt ergeben, klingen wie ein Käuzchenruf. Vielleicht hört ein Kauz den Ruf und zeigt sich.

Taschenlampen mitnehmen, Proviant und warme Getränke.

Schneelichter

Wenn Schnee liegt und es windstill ist, den Garten abends einmal im Jahr in ein Lichtermeer verwandeln. Überall Kerzen, Fackeln, Wind- und Teelichter aufstellen. Durch Kerzenlicht beleuchtet, wirkt der Schneegarten geheimnisvoll, gespenstisch und wunderschön wie bei einem Feuerwerk.

Winterfeuer

Freunde einladen. Ein Winterpicknick veranstalten:
- mit Lagerfeuer – auch ein kleines Feuerchen kann schon seinen Reiz haben
- mit heißen Getränken aus der Thermosflasche, hartgekochten Eiern und Butterbroten.

In jedem Jahr die gleichen Spiele anregen:

- Versteckspiel im Dunkeln
- eine Überraschung im Dunkeln verstecken
- mit Taschenlampen auf die Suche danach gehen.

Februarrallye

Einmal im Jahr einen längeren Winterspaziergang durch Feld, Wald und Wiese planen. Freunde einladen. Für das Unternehmen sind ein paar Vorbereitungen nötig: Den Spaziergang eine Woche vor dem festgesetzten Termin allein machen. Einen Fotoapparat mitnehmen. Unterwegs besondere Merkmale fotografieren: zum Beispiel einen alten schiefen Zaunpfosten, einen riesengroßen Baumstumpf oder einen entwurzelten Baum. Die Fotos entwickeln lassen. Jedes Foto auf eine Extrapappe kleben.

Ist der Ausflug anberaumt, die aufgeklebten Fotos mitnehmen, und ein Spiel damit machen: Jeder schaut sich die Fotos genau an, versucht, sie sich einzuprägen. Wer findet das, was auf den Bildern zu sehen ist?

Eisbrecher

Immer wenn es draußen kalt ist, wenn alle Pfützen zugefroren sind, einen Pfützenspaziergang planen: Mit wasserdichten Stiefeln und viel Schwung auf möglichst viele zugefrorene Pfützen springen. Zersplittert das Eis oder hält es?

Danach die großen Eisscherben einsammeln, hoch in die Luft werfen und zuschauen, wie sie beim Aufschlag in kleinste Stücke zerbrechen.

Eisblumen züchten

Glasscheiben befeuchten. Die Scheiben in die Kälte stellen. Die Eisblumen, die bei Frost auf dem Glas entstehen, durch die Lupe betrachten. Welche gleichen sich, welche unterscheiden sich deutlich?

Wintermärchen

Zusammensitzen und Wintermärchen erzählen. Der Jüngste in der Runde beginnt, erzählt ein bekanntes oder ein selbstausgedachtes Märchen und stoppt nach einer Weile. Nun ist der nächste aus der Runde mit Weitererzählen an der Reihe.

Schneefest

Immer wenn reichlich Schnee gefallen ist, gemeinsam mit anderen einen großen, dicken Schneemann bauen oder eine Schneefrau. Jedes Schneewesen soll ganz besonders ausschauen, sich von den anderen deutlich unterscheiden.

Die Aktion später mit einem Picknick im Schnee, mit heißem Kinderpunsch und warmen Würstchen beenden. Dann das Schneewesen fotografieren. Alle Fotos über Jahre in einem besonderen Album als Erinnerung an die Schneefeste sammeln.

Frühling

Eltern-Tip

Die Fähigkeit zu Assoziationen üben, das Gedächtnis schulen, Empfindungen wecken und Erinnerungen sammeln – viele Frühlingsrituale schärfen die Sinne, fördern die Wahrnehmungsfähigkeit:

- immer Fernglas und Lupe auf Feld-, Wald- und Wiesenspaziergänge mitnehmen. Vögel und Insekten beobachten
- männliche und weibliche Blüten suchen (Hasel, Birke). Gelbstäubende männliche Blüten über einer weiblichen Blüte abschütteln. Auf diese Weise die Befruchtung nicht nur dem Wind überlassen
- in einen Topf mit Erde Blumensamen geben. Die kleinen Pflanzen, die entstehen, später umtopfen
- Kaulquappen suchen und beobachten.

Kuckuck, Kuckuck

Kuckuck, Kuckuck
ruft's aus dem Wald.
Lasset uns singen,
tanzen und springen,
Frühling, Frühling,
wird es nun bald.

Der Frühling ist gekommen!
Der Frühling ist da!
Wir freuen uns alle,
juchheissassassa.

Alle Vögel sind schon da,
alle Vögel, alle,
welch ein Singen, Musizier'n,
Pfeifen, Zwitschern, Tirilier'n,
Frühling will nun einmarschier'n,
kommt mit Sang und Schalle.

Wie sie alle lustig sind,
flink und froh sich regen,
Amsel, Drossel, Fink und Star
und die ganze Vogelschar,
wünschen uns ein frohes Jahr,
lauter Heil und Segen.

*Eine Zeremonie, um den Frühling zu begrüßen: Zusammen mit
kleinen Kindern über eine Wiese tanzen und dabei laut Frühlings-
lieder singen.*

Gänseblümchenkette

Gänseblümchen pflücken. Den ersten Gänseblümchenstiel ein
Stückchen unter der Blüte mit dem Daumennagel aufschlitzen.
Durch dieses Loch im Stiel ein zweites Gänseblümchen ziehen.
Wieder den Gänseblümchenstiel aufschlitzen und ein drittes
Blümchen durchziehen. Nach und nach eine lange Kette aus
Gänseblumen fertigen.
Die fertige Kette dem Kind um den Hals hängen und mit dieser
Zeremonie den Frühlingsanfang feiern.

Blumenkranz

Vorbereitungen für das Ritual: Aus Draht einen Kranz biegen.
Dann Frühlingsblumen im Garten pflücken. Die Blumen mit

Hilfe von dünnem Draht an dem Kranz befestigen. Den Blumenkranz in eine Schale mit Wasser legen.

Ringlein, Ringlein

Ringlein, Ringlein,
du mußt wandern,
von dem einen
zu dem andern,
das ist herrlich,
das ist schön,
laßt das Ringlein nur nicht sehn!

Eine Margerite pflücken. Unterhalb der Blüte ein Loch in den Margeritenstengel bohren. Den Stengel so durch das Loch ziehen, daß ein Ring entsteht. Den Ring auf einen Finger setzen.

Frühlingsblumenorakel

Eine Blüte mit vielen Blütenblättern pflücken. Dann ein Blütenblatt nach dem anderen von der Blumenkrone abzupfen. Mit jedem Blütenblatt fragen:
Liebt er mich
- von Herzen
- mit Schmerzen
- über alle Maßen
- ganz rasend
- ein wenig
- gar nicht?
Was sagt das letzte Blütenblatt?

Blumendüfte sammeln

In jedem Jahr wieder den gleichen Frühlingsspaziergang machen. Im Garten oder auf der Wiese Blumen anschauen und ihre Düfte in sich aufnehmen. Wie heißt welche Blume? Wie duftet welche Blume? Welche Blume duftet nach Honig? Welche nach Heu? Welche nach frischem Frühlingsregen? Wie lassen sich Düfte beschreiben?

Pusteblumen

Ist der Löwenzahn verblüht, die Samen von der Blütenkrone pusten, so daß sie wie kleine Fallschirme durch die Lüfte segeln. Ganz fest pusten, daß möglichst alle Samen auf einmal davonfliegen.

Sommer

Eltern-Tip

Sommerzeit, Urlaubszeit – endlich Zeit, viel gemeinsam zu unternehmen und die Sommerrituale zu pflegen, die alle genießen
und die angenehme Feriengefühle vermitteln:
- an warmen Abenden schnell ins Schwimmbad gehen und ein
  paar Runden schwimmen
- morgens in aller Frühe aufstehen und einen Spaziergang machen oder mit nackten Füßen durch nasses Gras gehen
- draußen frühstücken
- Spinnen in ihrem Netz beobachten.

Trarira, der Sommer, der ist da

Trarira, der Sommer, der ist da!
Wir woll'n hinaus in'n Garten
und woll'n des Sommers warten,
ja,ja,ja, der Sommer, der ist da!

Summ, summ, summ,
Bienchen, summ herum,
ei, wir tun dir nichts zu Leide,
flieg nur aus in Wald und Heide,
Summ, summ, summ,
Bienchen, summ herum.

*Aus Sommerblumen einen Haarkranz flechten und dabei Sommer-
lieder singen.*

Auf Gras pfeifen

Einen festen, breiten Grashalm pflücken. Die Hände zusammenlegen, den Halm zwischen beide Daumen klemmen und durch starkes Blasen so zum Schwingen bringen, daß krächzendes oder auch lautes schrilles Geheul zu hören ist.

Schmetterlingsbier

Saft, der aus einem verletzten Birkenstamm quillt, lockt Schmetterlinge an. Die Tiere berauschen sich an dem süßen Saft.

Man kann Schmetterlinge auch mit selbstgemachtem Schmetterlingsbier locken: ein paar Tropfen Malzbier, Sirup, Rum und etwas Apfelmus mischen.

Dann aus farbigem Papier eine Blüte schneiden, die Blüte an einem Holzstäbchen befestigen, in das Schmetterlingsbier tauchen. Die Papierblume dann draußen in ein Blumenbeet stecken und geduldig abwarten, ob die Blüte Schmetterlinge anlockt.

Sommerblumenorakel

Fünf Sommerblumenblüten in die Luft werfen. Versuchen, sie mit der Handfläche oder einer Mütze wieder aufzufangen.

Fange ich zwei Blüten auf, heißt das: Ich bekomme zwei Kinder.
Fange ich vier Blüten auf, heißt das: Ich bekomme vier Kinder.

Fange ich die Blüten mit dem Handrücken auf, heißt das: Ich bekomme lauter Jungen. Fange ich sie mit der Handfläche auf, heißt das, ich bekomme lauter Mädchen.

Abkühlungen

Das Schönste an Sommer, Hitze und Garten: die verschiedenen Wasserspiele:
- eine Schüssel mit kaltem Wasser füllen. In die Schüssel eine Erdbeere legen. Wer versucht, sich die Erdbeere mit dem Mund aus dem Wasser zu holen?
- den Gartensprenger anstellen und durchs Wasser rennen
- sich gegenseitig mit dem Wasserstrahl aus dem Gartenschlauch abspritzen
- einfach in einer Wanne mit Wasser sitzen und vom Sommer träumen.

Kullerbahn

Ein Muß bei kleinen Kindern: Eine Kullerbahn bauen im Sandkasten.

Einen Riesenberg Sand aufschaufeln, mit Wasser aus der Gießkanne anfeuchten, den Sand festklopfen und dann eine kurvenreiche Strecke von der Spitze des Berges bis zum Fuß des Berges bauen. Auf der Strecke Murmeln kullern lassen.

Hühnchen oder Hähnchen?

Das Hühnchen- und das Hähnchenspiel – bei jedem Sommerspaziergang durch Feld, Wald und Wiese ein Muß.

Ein Rispengras pflücken, einem Mitspieler den Halm zeigen und fragen: »Was möchtest du – Hühnchen oder Hähnchen?«

Hat sich der Mitspieler entschieden, wird der Grashalm zwischen Zeigefinger und Daumen nach unten gezogen.

An der Form des Grases läßt sich jetzt ablesen, ob sich ein Hühnchen oder Hähnchen zeigt: Stehen die »Federn« im Büschel dicht nach oben, ist ein Hähnchen entstanden. Sind die »Federn« dünn und klein – ein Hühnchen.

Rühr mich nicht an

Springkraut wächst am Waldrand, hat gelbe Trompetenblüten. Wer die Schoten des Springkrauts berührt – sie sehen aus wie kleine Gurken –, bekommt erst einmal einen Schrecken. Die Schoten zerspringen plötzlich und entledigen sich ihrer Samenkörner im hohen Bogen.

Bei der Gelegenheit Kinder daran erinnern, daß sich giftige Pflanzen nicht zum Spielen eignen.

Fallobst

Zusammen mit Kindern Fallobst aufsammeln. Wer findet die meisten unversehrten Früchte, wer die dicksten? Wer sammelt in der kürzesten Zeit eine Tüte voll Früchte? Dann das Obst gemeinsam weiterverarbeiten:
- Saft daraus machen
- Marmelade kochen
- waschen, trocknen und einfrieren.

Erdbeerfest

In jedem Sommer einmal gemeinsam mit Kindern Erdbeeren auf einer Plantage pflücken und dabei schon mal ein paar Beeren genüßlich probieren.

Die Ernte zu Hause säubern und trocknen. Die Erdbeeren verarbeiten. Verschiedene Erdbeerspeisen zubereiten:
- Erdbeermilch
- Erdbeerquark

- Erdbeercreme
- Erdbeerkuchen
- Erdbeereis.

Aus den Speisen ein Buffet aufbauen. Freunde einladen und dann gemeinsam das Erdbeerbuffet plündern.

Kirschfest

Kirschen kaufen oder pflücken. Einen Berg Kirschen auf einem Tisch ausbreiten. Dann »Achtung, fertig, los!« und um die Wette Kirschen einsammeln. Wer fischt die meisten Kirsch-Zwillinge aus dem Haufen Kirschen? Wer schafft es, sich mit vielen Kirschen zu schmücken, möglichst viele Zwillinge über seine Ohren zu hängen? Danach jede Menge Kirschen essen und mit den Kirschkernen ein Weitspucken veranstalten.

Herbst

Im Herbst kann man draußen viele Dinge finden, die sich gut als Spielsachen eignen, buntes Laub in Hülle und Fülle, Kastanien und Hagebutten zum Beispiel. Kinder wissen mit diesen Schätzen eine Menge anzufangen. Auf Dauer entwickeln sich ganz bestimmte Herbstrituale:

- durch Laubberge gehen und dabei extralaut rascheln
- Knallerbsen (Schneebeeren) pflücken und auf den Boden legen. Dann die Erbsen zerstampfen. Sie zerspringen mit lautem Knall
- Drachen steigen lassen.

Ein Männlein steht im Walde

Ein Männlein steht im Walde
ganz still und stumm.
Es hat von lauter Purpur
ein Mäntlein um.
Sag, wer mag das Männlein sein,
das da steht im Wald allein
mit dem purpurroten Mäntelein?

Hagebutten pflücken. Mit den Hagebutten spielen. Schweinchen daraus basteln: vier Beine aus zerbrochenen Streichhölzern in die Hagebutte stecken.

Nebel

Nebel, Nebel, Niebel,
steige auf zum Giebel,
steige auf zur Himmelstür
und laß die liebe Sonn' herfür.

Bei Nebelwetter Gespenstergeschichten erzählen oder vorlesen. Für ältere Kinder: englische Kriminalgeschichten. Oder Gruselgeschichten erfinden und erzählen. Nach einer Weile die Rollen tauschen.

Blättergardine

Mit Herbstbeginn bunte Blätter sammeln. Die Blätter zu Hause reinigen, anfeuchten und auf eine Fensterscheibe kleben. Sie bleiben ein Weilchen haften.

Kastanien

Kastanien und Kastanienblätter sammeln – ein ganz wichtiges Ritual im Herbst für kleine Kinder. Mit Kastanienblättern und Früchten läßt sich eine Menge anfangen. Man kann:

- aus einer Kastanie einen Handschmeichler machen, sie wochenlang in der Hosentasche mit sich herumtragen. Die Kastanie fühlt sich gut an, wird immer glatter und glänzender
- aus einer Kastanie einen Hund basteln: Vier Streichhölzer als Beine einstecken und aus Papierschnipseln ein Hundegesicht aufkleben
- aus einem Kastanienblatt eine Puppe basteln: Zwei Blattfinger sind die Arme, zwei die Beine. Aus dem fünften Blattfinger den Kopf rollen. Die Rolle mit einem Grashalm zusammenbinden.

Blätterkrone

Aus festem Papier einen Streifen schneiden. Aus dem Papier einen kinderkopfgroßen Ring rollen und kleben. Auf den Ring bunte Herbstblätter kleben. Den Blätterring einem Kind als Krone auf den Kopf setzen.

Windmühle

Alle Jahre wieder ein Windrad bauen für windige Herbsttage: Ein quadratisches Stück Papier zweimal diagonal falten:
- einmal von der linken oberen Ecke zur unteren rechten Ecke
- dann von der linken unteren Ecke zur oberen rechten Ecke
- die Diagonalen von jeder Ecke aus bis zur Mitte einschneiden
- die vier Ecken in der Mitte mit einer Stecknadel zusammenhalten
- Nadel und Windrad in das Ende eines Holzstöckchens stecken und dann mit dem Spielzeug draußen im Wind spielen.

Auf Fliegenpilzsuche

Im Wald auf die Suche nach giftigroten Fliegenpilzen gehen. Wer zuerst einen Pilz findet, bekommt ein Gummibärchen als Belohnung. Wer einen Fliegenpilz findet, darf sich ein Minigeschenk abholen.

Selbstgemachtes Trockenobst

Äpfel und Birnen pflücken. Sonnenreife, feste Früchte wählen. Die Früchte mit nach Hause nehmen, dann

- säubern, schälen, die Kerngehäuse entfernen, später in Scheiben schneiden
- die Früchte im Backofen auf den Grillrost legen und im auf fünfzig Grad vorgeheizten, dann ausgeschalteten Ofen über Nacht dörren. (Die Ofentüre einen Spaltbreit offenstehen lassen.)

Die gedörrten Früchte dann in Leinensäckchen kühl aufbewahren. Oder die Fruchtschnipsel auf lange Fäden ziehen. Die Früchteketten aufhängen. Oder die Ketten umhängen und die Früchte nach und nach von der Kette abknabbern.

Zusammen die Natur beobachten

Eltern-Tip

Kinder wollen gefordert werden – nicht mit Druck, sondern möglichst spielerisch und unbeschwert. Spiele und Rituale können geeignete Mittel sein, sie für eine Sache zu begeistern und dann bei der Stange zu halten.

Wetterkalender

Zusammen über einen gewissen Zeitraum einen Wetterkalender führen. Eine Monatstabelle erstellen mit Datum und Wochentag.

Abends zusammen das Wetter besprechen und entsprechende Notizen in die Tabelle eintragen; immer abwechselnd für die Eintragungen verantwortlich sein.

Wettervorhersage

Regelmäßig in der Natur nach Anzeichen suchen, die eine Wettervorhersage ermöglichen.

Das Wetter wird schön, wenn:
- der Himmel morgens grau ist
- die Tage heiß sind, die Nächte kühl
- es im Wald wärmer ist als auf dem Feld
- die Luft flimmert
- die Schwalben hoch fliegen
- die Spinnen an ihrem Netz arbeiten

- die Lerche hoch in der Luft steht
- die Frösche abends quaken
- die Sonne rot untergeht
- die Grillen abends zirpen.

Das Wetter wird schlecht, wenn:
- der Himmel morgens blau ist
- die Schwalben tief fliegen
- die Mücken unterwegs sind
- die Baumrinde schwitzt
- die Fernsicht gut ist
- die Berge näher rücken
- das Licht besonders hell ist
- viele Regenwürmer und Schnecken unterwegs sind
- die Maulwürfe hohe Haufen werfen
- Gänse- und andere Blümchen tagsüber schlafen
- das Stiefmütterchen abends seine Blüte schließt
- die Sterne intensiv funkeln
- der Mond einen Hof hat.

Nach und nach auf Abstand gehen

In den ersten Lebensmonaten sind Mutter und Kind noch eine Einheit. Mit der Zeit gewöhnen sich Eltern und Kind an erste kleine Trennungen und lösen sich Schritt für Schritt voneinander. Dieser Ablöseprozeß fällt allen Beteiligten leichter, wenn ihn ganz bestimmte Rituale begleiten, die dem Kind Sicherheit vermitteln und ihm verdeutlichen: Du bist nicht allein. Wir bleiben im Hintergrund und achten auf dich.

*F*esthalten an Vertrautem

Eine Weile allein zu sein, ohne Mutter oder Vater zur Sicherheit ganz in der Nähe, das fällt Babys und auch noch Kleinkindern ungeheuer schwer. Sie fühlen sich dann schnell einsam, verloren in ihrem Bettchen oder Zimmer und haben Sehnsucht nach den Erwachsenen: Wenn die Eltern doch bloß in der Nähe wären! In solch einer Situation beginnen sie schnell zu weinen oder vor lauter Kummer unruhig zu sein. Sie wollen getröstet werden.

Mit der Zeit gelingt es ihnen immer besser, auch mal allein mit ihrem Kummer fertig zu werden. Dann trösten sie sich mit vertrauten kleinen Ritualen über ihren Frust hinweg.

Sie holen sich ihr Kuscheltuch, das immer in erreichbarer Nähe liegen muß: eine Serviette oder eine Gazewindel. Ein Kuscheltuch ist ein Tuch zum Festhalten und zum Drücken, ein wichtiges Symbol für kleine Kinder. Das Tuch wird zum unentbehrlichen Begleiter, ist damit viel mehr als bloß ein Ding. Es ist etwas, das Wärme vermittelt, wunderbar weich ist und damit bestens geeignet, Mutter oder Vater ein Weilchen zu vertreten.

Ohne Kuscheltuch im Mund, später in den Händen – es wird auf die immer gleiche Art von dem Kind gehalten und geknuddelt –, kann sich der kleine Unruhegeist nicht entspannen, kann er nicht einschlafen. Deshalb muß das Kuscheltuch immer dabei sein, wo sie auch sind.

Oft wird dieses besondere Etwas bis in die Schulzeit hinein zum Festhalten gebraucht: immer noch als kleiner Ersatz für mütter- oder väterliche Streicheleinheiten. Deshalb wehe, wenn das kostbare Ding verlorengeht. Dann können Kinder in große Verzweiflung geraten. Deshalb solch ein Tuch bitte nicht waschen oder durch ein anderes Tuch ersetzen. Ersatztücher werden nicht akzeptiert. Kinder brauchen ihr Original.

Lieblingsteddy

Irgendwann verliert das Kuscheltuch seine Bedeutung. Oft wird es durch ein Stofftier ersetzt, etwa durch einen Teddy. Manchmal wird dieser Teddy zum allerersten und allerbesten, heißgeliebten Freund.

Ein wichtiges Ritual, das einem Kleinkind Sicherheit vermittelt: mit dem Teddy reden. Ihn in viele Spiele miteinbeziehen. Ihn bitte nicht wie ein lästiges Ding behandeln, sondern mit Respekt. Mit ihm freundlich umgehen. Ist der Teddy in der Nähe, fühlt sich ein Dreikäsehoch gut aufgehoben. Nicht nur vertraute Menschen vermitteln, sondern auch sein Teddy gibt ihm ein Stück Sicherheit und Geborgensein.

Mitschleppdecken und Gute-Nacht-Rollen

Kleine Kinder hängen ihr Herz an ganz bestimmte Dinge, besonders Dinge, die für Geborgenheit, Schutz und Wärme stehen:
- an eine Decke, die sie schon seit Babyzeiten mit sich herumschleppen
- an ein Kissen, daß sie immer schon, seit Babyzeiten in ihrem Bett haben und ohne das sie nicht einschlafen können
- an ihren Schlafsack, der für sie heißt, ganz egal, wo sie schlafen: »Hier bin ich zu Hause!«

Der Puppenkoffer

Geht ein Kind auf Reisen, will es nicht nur Jacken, Hemden, Strümpfe mitnehmen, sondern am liebsten das halbe Kinderzimmer, den ganzen Kleinkram, an dem sein Herz hängt und das können Schnüre und Bänder sein, alte Schlüssel und Plastikfiguren. Jedes Kind hat seine ganz eigenen Vorstellungen davon, was wichtig und was unwichtig ist. »Das ganze Zeug willst du mitschleppen?« fragen genervte Mütter und Väter dann schon einmal, wenn ihr Sprößling für die Ferien packt. Natürlich soll das ganze Zeug mitgeschleppt werden, kleine Geister geben nicht so schnell auf.

Am besten werden die Schätze in einem Extrakoffer untergebracht, in einem handlichen Puppenkoffer, für den das Kind während der Reise selbst verantwortlich ist und der bei allen Reisen dabei ist.

Damit steht eine Regelung fest, darum muß nicht mehr gestritten werden. Sie heißt: Was in den Koffer paßt, kommt mit. Mehr nicht.

Die Schulmaus

Kaum tragen sie den Schulranzen auf dem Rücken, fühlen sich Kinder gleich ein Stück größer: schon fast erwachsen und damit eigentlich erhaben über Kinderkram und Spielereien. Dennoch: Die heißgeliebte Plüschmaus oder der alte Stoffaffe aus Kleinkindzeiten müssen manchmal eben doch zur Schule mitkommen, denn sie verkörpern immer noch ein Stück Geborgenheit, Erinnerung an alte Zeiten. Meistens müssen sie in der Schultasche bleiben, nur manchmal dürfen sie als Glücksbringer und Mutmacher auf dem Tisch hocken – zum Beispiel während eines Diktats oder einer Rechenarbeit. Es reicht, sich vorzustellen, daß Plüschmaus oder Stoffhase die Daumen drücken – rein symbolisch. Das hilft gegen Angstklöße im Hals und gegen Aufgeregtheitsgefühle.

Der Erinnerungssack

Einen großen Beutel nähen aus besonders schönem, festen Stoff, einen Beutel, den man fest verschnüren kann und in dem Schätze gut und sicher untergebracht sind: Gebasteltes aus Kleinkind-, Kindergarten- und Grundschulzeiten.

Das Ritual: Einmal im Jahr den Sack hervorholen und feierlich aufschnüren. Dann eine Kostbarkeit nach der anderen aus dem Sack holen, auf dem Tisch aufbauen und sich gründlich daran freuen.

Ein gutes neues Stück oder auch mehrere Stücke jedes Jahr dazu packen. Mit der Zeit füllt sich der Sack.

Sich trennen und dann wiederkommen

Gerade auf den eigenen Füßen stehend und noch wackelig auf den Beinen, stürmen kleine Kinder in die Welt hinein, mutig und kühn wie Hänschen klein. Kaum sind sie ein paar Schritte von den Eltern entfernt, verläßt sie ihr Mut meist wieder. Ganz schnell kehren sie zur Mutter oder zum Vater zurück, halten sich fest und müssen sich vergewissern, daß ihnen dieser sichere Hort bleibt. Dieses Vor- und Zurückritual wiederholt sich immer wieder, bis sie einen Schritt weiter sind in ihrer Entwicklung und die Kinder langsam reif genug sind, das Band zu den Eltern zu lockern. Dieser Prozeß zieht sich über die ersten Lebensjahre hin.

Guckguck spielen

Ein Ritual, das alle Einjährigen lieben: Die Hände vors Gesicht schlagen in der Annahme, damit unsichtbar zu sein. Dann kurz hervorlugen und das Spiel noch einmal wiederholen.

Mit diesem Spiel lernt ein Kleinkind verstehen, daß es eine eigene Person ist. Gleichzeitig mag es sich mit diesem Spiel aber auch vergewissern, daß sich die Erwachsenen freuen, es wiederzusehen, wenn es die Hände vom Gesicht nimmt. Alles zusammen ist so aufregend, daß es das Spiel x-mal wiederholen mag.

Wegwerfen und zuückholen

Ein weiteres Ritual, das zehn, elf Monate alte Babys mit Ausdauer pflegen: Ich werfe ein Ding weg, und du holst es mir wieder. Auch kleine Stöpsel genießen es durchaus schon, auf diese Weise Beachtung zu finden. Mama bückt sich, Papa bückt sich, sie haben zu tun mit mir. Ich bringe sie auf Trab. Dieses Spielchen stärkt ihr Selbstwertgefühl, denn es bedeutet: Ich kann Dinge und Menschen in Bewegung setzen.

Gleichzeitig schärft dieses Spiel auch die kindliche Wahrnehmungsfähigkeit. Das Ergebnis heißt: Dinge, die aus meinem Gesichtskreis verschwinden, sind dennoch vorhanden.

Versteckspiel

Das Spiel heißt: Ich verstecke mich, hocke ganz allein hinter der Tür oder hinter einem Vorhang und muß das Alleinsein ein Weilchen aushalten. Ein kleiner Knirps lernt so, daß er Stück für Stück unabhängiger wird von den Großen. Merkt auch, daß es auszuhalten ist, hier im Ungewissen, vielleicht sogar Dunklen zu hocken, bis er gefunden wird.

Versteckspiele sind eine wichtige Selbsterfahrung, und deshalb wollen Kinder das Ritual »Ich verstecke mich, du suchst mich!« immer wieder und noch einmal wiederholen.

Hänschen klein

Hänschen klein
ging allein
in die weite
Welt hin ein.
Stock und Hut
stehn ihm gut.
wandert wohlgemut.

Ein Ritual, um kleinen Kindern das morgendliche Abschiednehmen zu erleichtern: Das Hänschen-klein-Lied singen, ein morgendliches Abschiedszeremoniell daraus machen: »Hänschen«, das auch Vera heißen kann, umrundet, die Kindergartentasche schon um den Hals, seine Mutter viermal und wandert dann zur Haustür hinaus. Das Ritual lenkt ein Kind von dem Gedanken ab, eigentlich lieber zu Hause bleiben zu wollen, als in den Kindergarten abzumarschieren.

Telefonieren

Sie lacht. Sie regt sich auf. Sie beruhigt sich wieder. Die Mutter sitzt gleich neben ihm und ist dennoch nicht erreichbar, denn sie telefoniert. Das Telefon ist kleinen Kindern nicht geheuer. Sie lehnen das Ding ab, weil es die Mutter in Beschlag nimmt. Weil sie sich ausgeschlossen fühlen, nicht nachvollziehen können, was sich in diesem Apparat eigentlich abspielt. Entsprechend genervt, reagieren die meisten Kinder, wenn lange telefoniert wird. Sie stören mit Macht: Es wird doch noch zu schaffen sein, daß die Mutter den Hörer auflegt.

Mit einem einfachen Ritual läßt sich der Clinch vermeiden: Dem Kind ein Extratelefon schenken, mit dem es sich beschäftigen kann, wenn das richtige Telefon klingelt.

Überraschungspäckchen

Geht ein Kind auf Reisen, fällt ihm der Abschied von daheim leichter, wenn es gleichzeitig voller Vorfreude an das Überraschungspäckchen denken kann, das es in der Tasche hat. Das Päckchen, das erst am Ziel der Reise ausgepackt werden darf, wie verabredet.

Das große Päckchen enthält lauter Briefumschläge und dazu eine Spielregel. Die Spielregel lautet: An jedem Tag deiner Abwesenheit von zu Hause darfst du einen Umschlag öffnen.
Was steckt in den verschiedenen Umschlägen?
● Familienfotos
● Briefe verschiedener Familienmitglieder
● witzige oder interessante Zeitungsartikel.

Heimweh-Mundharmonika

Wenn ein Kind auf Reisen geht, ihm eine Mundharmonika einpacken. Manchmal wirkt Mundharmonikaspielen als Mittel gegen übergroßes Heimweh. Alle Sehnsüchte, alle Gefühle kann man in das Spiel auf der Mundharmonika legen und die Heimwehgefühle und -gedanken auf diese Weise mildern. Das Kind kommt auf andere Gedanken.

Mitbringsel

Mitbringsel – egal ob kleiner oder größer – sind keine Nebensächlichkeiten, sondern wichtige Symbole, die bedeuten: »Ich habe unterwegs an dich gedacht und überlegt, womit ich dir eine Freude machen könnte!«

Reisekalender

Ein Mittel gegen Heimweh: In einem Reisekalender während einer Reise einen Pfeil von einem Tag zum anderen ziehen, den Pfeil jeden Tag um ein Stück verlängern und dem Zeitpunkt der Heimfahrt so sichtlich immer näherkommen.

Neben dem Pfeil das Reisewetter einzeichnen: Wolken und Sonne und manchmal auch Regen.

Weitere Mittel gegen Heimweh:
- Tagebuch führen
- Karten schreiben (Die Karten eventuell schon frankiert von zu Hause mitbringen)

- jeden Tag um die gleiche Zeit zu Hause anrufen. (Bei manchen Kindern verstärkt sich das Heimweh auf diese Weise aber auch.)

Wundertüte

Dem Kind eine Wundertüte mit auf die Reise geben. In die Tüte Fotos von zu Hause packen, einen Brief, eine Telefonkarte und ein paar schon frankierte Postkarten, Adressenheft und Notizbuch.

Reisebüchse

Einem Kind die immer gleiche Dose auf Reisen mitgeben, gefüllt mit Süßigkeiten, Notizblock, Stiften, Spielkarten, kleinen Geduldspielen. Eine besonders schöne Blechbüchse oder Pappschachtel besorgen, damit die Büchse oder Schachtel auch jahrelange Reisestrapazen einigermaßen heil übersteht.

Oder eine Schreibmappe zusammenstellen mit Block und Stiften, Familienfotos, Briefmarken, Briefumschlägen und einer Auswahl wichtiger Adressen.

Was ist zu Hause los?

Wenn Kinder länger von ihrer Familie getrennt sind, zu Hause ein Tagebuch führen, was sich während ihrer Abwesenheit daheim tut. Das Tagebuch mit Ausschnitten aus der Tageszeitung anreichern oder mit Fotos, mit kleinen Skizzen. Dem Heimkommenden später dieses Tagebuch überreichen.

Damit das Helfen leichter fällt

Ein Klagelied, das alle Eltern verbindet: Die Kinder denken nicht daran, im Haushalt zu helfen. Mit Hilfe von Ritualen gelingt es manchmal, sie zu aktivieren:

- festlegen, daß jeden Sonntag ein anderes Familienmitglied fürs Kochen zuständig ist. Wer noch zu jung ist, um allein in der Küche zu hantieren, bekommt Unterstützung durch Große
- am Anfang der Woche besprechen, mit dem Kalender in der Hand, welche besonderen Ereignisse, Freuden in der kommenden Woche zu erwarten sind und wer hilft, damit sie zustande kommen
- besonders zuverlässige Helfer mit einem Schokoladentier belohnen. Das gibt's aus einer Extraschokoladenkiste und nur bei dieser Gelegenheit.

Die Staubputzer

Wer will fleißige Staubputzer sehen,
der muß zu uns Kindern geh'n.
Staub zu Staub,
der Teppich wird bald sauber sein.

Wer will fleißige Topfwäscher sehen,
der muß zu uns Kindern geh'n.
Topf zu Topf,
der Abwasch wird bald fertig sein.

Ein Spiel für kleine Kinder: Das Lied von den fleißigen Handwerkern mit Hilfe älterer Dichter und Sänger um- und immer weiterdichten und das Lied lauthals beim Helfen singen.

Abendbrot in Eigenregie

Ein Ritual, das ältere Kinder ein Stück selbständiger macht: Einmal in der Woche sind sie zuständig für die Mahlzeit am Abend samt einkaufen, Tisch decken, Abendbrot zubereiten und nach dem Essen Küche aufräumen.

Wochenplan

Einmal in der Woche die Familie um den Tisch versammeln und gemeinsam aushandeln, wer für welche Arbeiten zuständig und verantwortlich ist, die in der kommenden Woche anfallen werden. Alle Posten auf einem großen Zettel vermerken und den Zettel dann für alle gut sichtbar aufhängen.

Tischlein deck dich

Ein Ritual, das Kinder auf Trab bringen kann, die sonst eher unwillig in der Küche mithelfen: Einen Würfel auf den Küchentisch legen und dann auswürfeln, wie viele Gegenstände auf den Tisch gebracht werden sollen. Einige Beispiele:
- wer zwei wirft, trägt zwei Teller auf den Tisch
- wer sechs wirft, drei Gabeln und drei Messer.

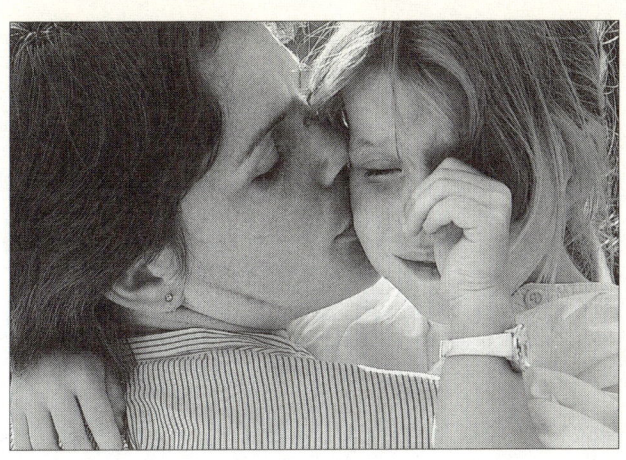

Kümmernisse und Tränen wegwischen

Verwöhnrituale sind Streicheleinheiten für Leib und Seele. Sie trösten und machen Mut: »Bald wird alles wieder gut!« Sie nehmen dem Kind ein Stück seines Kummers, aktivieren neue Kräfte, knüpfen an frühere Erfahrungen an und signalisieren: Damals war der Kummer ebenso groß und hat sich mit der Zeit auch wieder gegeben.

Wenn's weh tut, wenn das Kind krank ist

Das einzig Gute am Kranksein: Man wird nach Strich und Faden verwöhnt, und zwar meistens nach einem genau festgelegten, immer gleichen Schema. Zeremonien sind jetzt gefragt. Erst wird vorgelesen, dann gibt es frisch gepreßten Saft und anschließend ... Jede Familie hat ihre eigenen Verwöhnungszeremonien, Rituale, die Geborgenheit vermitteln und Kindern das Gefühl geben: Hier bin ich sicher und gut aufgehoben. Eltern wissen: Unsere Zuwendung, unsere Liebe kann ein wichtiges Heilmittel sein. Das bringt ihre Phantasie in Gang. Je verspielter ihre Ideen, desto größer ihre Wirkung.

Von den Großen vorgegebene Rituale regen Kinder auch an, neue, eigene zu erfinden, auf die sie später zurückgreifen können, wenn sie Schmerzen haben oder kränkeln:
- »Ich hole mir einen warmen Tee. Halte ich die heiße Teetasse in den Händen, fühle ich mich schon ein Stückchen besser!«
- »Wenn ich fröstle und eine Erkältung bekomme, gehe ich gleich in die heiße Badewanne!«
- »Wenn's mir nicht gutgeht, lege ich mich ins Bett, ziehe mir die Bettdecke über den Kopf und schlafe erst einmal eine Runde!«
- »Wenn ich schlechte Laune habe, lege ich mir eine Wärmflasche auf den Bauch und schlafe!«

Weitere erprobte Trösterituale, die erfahrene Eltern an ihre Kinder weitergeben können:
- Bauch und Rücken, Beine und Arme sanft massieren. Mit dem Daumen die Fußsohlen und Handflächen sanft und mit leichtem Druck massieren

- das Kind auf den Schoß nehmen, wiegen und dabei leise ein vertrautes Schlaflied summen
- Haut an Haut liegen. Spürt ein kleines Kind die Nähe und Wärme der Mutter oder des Vaters, beruhigt und entspannt es sich schneller. Einfach nur ganz still liegen. Das hilft manchmal mehr als Streicheln
- Schmerzen vorsichtig und sanft »wegpusten«
- das Kind auf den Schoß nehmen und es im Nacken sachte kraulen.

Heile, heile Kätzchen

Heile, heile Kätzchen,
das Kätzchen hat vier Tätzchen
und einen langen Schwanz –
morgen ist alles wieder ganz.

Ein Ritual gegen Bauchweh: eine Hand auflegen. Die Hand einfach nur ganz still liegen und die Wärme wirken lassen. Kinder glauben an dieses Heilmittel.

Heilkraut

Dreiblättrig Kraut,
heil mir die Haut,
still mir das Blut,
daß mir's nimmer weh tut.

Wenn das Knie aufgeschlagen ist: Den Tröstevers sagen. Ein Pflaster holen und ein vierblättriges Kleeblatt mit grünem Filzstift auf das Pflaster zeichnen und es dann auf die Wunde kleben. Oder lieber ein Glücksschwein zeichnen?

Wird schon wieder besser sein

Denkt euch nur, der Frosch ist krank,
da liegt er auf der Ofenbank,
quakt nicht mehr, wer weiß wie lang.
Denkt euch nur der Frosch ist krank!

Heile, heile Segen,
drei Tage Regen,
drei Tage Sonnenschein,
wird schon wieder besser sein.

～

Aua
schreit der Bauer,
die Äpfel sind zu sauer,
die Birnen sind zu süß,
morgen gibt's Gemüs'

～

Heile, heile Katzendreck
morgen ist alles wieder weg.

Auf dem Schoß von Mutter oder Vater sitzen, sanft geschaukelt, ge-krault, gestreichelt werden – dieses altbewährte Schmuseritual be-sänftigt kleineren Kinderkummer.

Jedes Kind hat seine eigenen Favoriten unter den Trösteversen, die angenehme Erinnerungen wecken an Zärtlichkeit und Zuwendung und die es seit frühster Kindheit in- und auswendig kennt.

Der Wehweh-Affe

Ein Trösteritual für ein kleines Kind: Wenn es sich mies fühlt, unter einem dicken Schnupfen leidet oder unter Halsschmerzen, dann einen besonderen Plüschaffen aus dem Schrank holen. Dieser Affe wird nur aus dem Schrank genommen, wenn das Kind krank ist. Sonst kommt dieses Spielzeug nicht zum Vorschein. Ist der Patient auf dem Weg zur Besserung, wird der Plüschaffe als Tröster und Mutmacher nicht länger gebraucht, dann verschwindet das Tier wieder im Schrank bis zum nächsten Wehwehchen.

Die Tröstetasse

Eine besonders schöne Tasse für besondere Gelegenheiten bereit halten. Sie nur aus dem Schrank nehmen, wenn das Kind krank ist und dann darin Tee oder Kakao anbieten.

Lieblingsspeisen

Wer sich schlecht fühlt, wer krank ist, hat viele Wünsche frei, darf sich zum Beispiel wünschen, was morgens, mittags, abends zum Essen und zum Trinken auf den Tisch kommt.

Wärmeliese

Eine Wärmflasche hilft meist gegen viele Leiden, auch gegen seelische Zipperlein –, vor allem eine Wärmflasche, die Liese heißt und ein freundliches Gesicht hat: Augen, Nase, Mund aus Filz schneiden und auf die Wärmflasche kleben.

Wünscheheft

Vorbereitungen für das Ritual: Zusammen mit Kindern ein Wünscheheft anlegen. Auf jede neue Seite einen neuen Wunsch schreiben, lauter Lieblingsbeschäftigungen, auf die man zurückgreifen kann, zum Beispiel:
- Bilderbuch angucken
- Kassetten zusammen anhören
- Vanillepudding
- Karten spielen.

Ist ein Kind krank, das Wünscheheft hervorholen, zwei Wünsche aussuchen und dann erfüllen.

Ausweichlager

Wenn sie krank sind, flüchten selbst ältere Kinder meist noch gerne zu Mami oder Papi ins große Bett, um dort Geborgenheit pur zu tanken. Auch sehr beliebt bei kranken Mäusen:

- es sich auf dem Sofa bequem machen, in Nähe des Fernsehers und den Apparat schon mittags einschalten zu einer Zeit, in welcher der Fernseher normalerweise nie läuft. Ausnahmsweise darf jetzt üppig durchgezappt und weit über das Normalmaß hinaus ferngesehen werden
- auf einem Gästebett neben den Eltern schlafen.

Der bunte Koffer

Vorbereitungen für das Ritual: Einen alten, ausrangierten Koffer – zu groß sollte er nicht sein – rundum mit bunten Bildern bekleben. Im bunten Koffer lauter Zeug verstauen, das Kinder wunderbar gebrauchen können: Schiefertafel und Kreide, Block und Stifte, Geduldspiele, Patiencekarten, Knetmasse … Den bunten Koffer nur hervorholen, wenn das Kind krank ist.

Der Hubschrauber

Kein Kind schluckt gerne Tabletten. Manchmal klappt das Einnehmen eher, wenn die Tablette auf einem Eierlöffel liegt, wenn sich der Eierlöffel dann in einen »Hubschrauber« verwandelt, der »Hubschrauber« erst ein paarmal um den Kopf des Kindes schwirrt, bevor er im Mund landet und die Tablette ablädt, die dann schnell mit einem Schluck Wasser hinuntergespült wird.

Das U-Boot

Von Zäpfchen halten Kinder meist wenig. Schon eher lassen sie die lästige Prozedur mit sich geschehen, wenn das Zäpfchen kein simples Zäpfchen ist, sondern zum »U-Boot« gemacht wird, das auf Entdeckungsfahrt in geheimnisvolle Untiefen geht.

Prinzessin auf der Erbse

Aus dem Bett ein Luxuslager machen: Es mit vielen Kissen auspolstern und eine Extradecke bereit legen. Die Prinzessin darf fünf Wünsche äußern, was in ihrem Bett und um ihr Bett herum noch geschehen soll, und alle Wünsche werden prompt erfüllt.

Das Ratetablett

Sieben Dinge auf einem Tablett anbieten:
- Fotoalbum aus frühen Kinderzeiten
- alte, längst vergessene Briefe
- Glas mit Saft
- Bilderbuch
- Vorlesebuch
- Teller mit Keksen
- Vase mit Blumen.

Dann das Tablett abräumen. Wer kann aus dem Gedächtnis sagen, was auf dem Tablett zu sehen war? Anschließend die Dinge servieren, die der kleine Patient aus dem Gedächtnis nennen kann.

Das Tröstepflaster

Auf ein Pflaster mit Filzstiften zeichnen, was sich ein Kind wünscht: ein rosa Nashorn zum Beispiel oder eine blaue Blume. Dann das Pflaster auf die Wunde kleben, begleitet von einem Zauberspruch wie:

Simsimsalasimbim,
der Schmerz ist nicht schlimm,
der vergeht im Nu,
und du hast deine Ruh'

Gegen Wut und Enttäuschung

Eltern-Tip

Zwischen dem ersten und dritten Geburtstag mehren sich die Wut- und Trotzanfälle. Hilflos sind Kinder jetzt ihrer Verzweiflung ausgeliefert, oft aus ganz nichtigem Anlaß. Wie aus diesen Verzweiflungsattacken wieder herausfinden?

Körperkontakt, sich selbst spüren, vor Wut strampeln oder mit beiden Füßen auf die Erde stampfen – Bewegung hilft meistens gegen den Frust. Kleine Kinder können sich ihre Anspannung von der Seele toben und tanzen intensiv wie wildgewordene Rumpelstilzchen.

Manchmal lassen sie sich lieber von Mutter oder Vater festhalten. Ihre Nähe vermittelt Rückhalt und Sicherheit. Die Gewißheit, daß sie mitfühlen und Verständnis zeigen, ist Balsam für ihre Seele, wenn sie enttäuscht oder wütend sind, eine dicke Wut im Bauch haben und nicht wissen wohin damit.

Rituale können manchmal ein brauchbares »Heilmittel« gegen Wut und Verzweiflung sein. Damit können Eltern einem kleinen Wüterich unaufdringlich Möglichkeiten verschaffen, seine Wut einigermaßen »umweltverträglich« herauszulassen:

- eine Bettdecke parat haben, die sich gut dazu eignet, »verhauen« zu werden
- einen Sandkasten ansteuern, wo man aus Wasser und Sand Matsche rühren und mit Wucht in die Matsche patschen kann
- einen Regenspaziergang anregen, wo man mit Karacho (und Gummistiefeln) in Pfützen springen kann.

Nach dem dritten Geburtstag läßt die Intensität dieser Wutan-fälle übrigens langsam nach. Die Kinder werden einsichtiger, sind weniger gebeutelt von Ängsten, stehen schon stabiler mit beiden Beinen auf dem Boden.

Komm, tanz mit mir

Brüderchen, komm, tanz mit mir,
beide Hände reich' ich dir,
einmal hin, einmal her,
ringsherum – das ist nicht schwer

Ringel, ringel, Reihe,
sind der Kinder dreie.
sitzen unterm Hollerbusch
schreien alle
husch, husch, husch!

Ablenkungsmanöver, die ein wütendes Gesicht aufhellen und ein kleines Kind wieder beruhigen: Tanzverse singen, sich fest an den Händen halten und gemeinsam mit viel Schwung durch die Woh-nung tanzen.

Häschen in der Grube

Häschen in der Grube
saß und schlief.
Armes Häschen, bist du krank,
daß du nicht mehr hüpfen kannst?
Häschen hüpf!
Häschen hüpf!
Häschen hüpf!

Ein »Klassiker« unter den Kreisspielen. Sich an den Händen halten, im Kreis gehen, bei der Aufforderung »Häschen hüpf« in die Hocke gehen und loshüpfen.

Wut zerschnipseln

Die Schwester hat keine Lust, mit ihm zu spielen. Der Freund keine Zeit, vorbeizukommen. Das Bild, das er gerade malt, will nichts werden. Gefrustet hüpft der Fünfjährige durchs Zimmer. Wohin mit dem ganzen Frust? Eine Möglichkeit: Die Wut einfach in Stücke reißen. Einen Riesenbogen Packpapier mit Schwung in Streifen reißen, in viele kleine und kleinste Stücke.

Wutteig

Eine gute Art, Frust loszuwerden: Die Wut in einen Teig kneten. Den Teig walken, rollen, mit Kraft auf den Tisch knallen, alle Energie in die Hände geben. Das Beste an dieser Aktion: Zum Schluß steht eine wohlschmeckende Pizza auf dem Tisch.

Die Zutaten für den Pizzateig: 65 g Speisestärke. 65 g Mehl, 1 1/2 gestr. Tl. Backpulver, 4 El. Öl, 125 g Quark (10 % Fett), 1 Prise Salz. Die Zubereitung: Speisestärke, Mehl und Backpulver in eine Schüssel geben. Öl, Quark und Salz dazugeben und alles mit dem Hand-

*rührgerät auf niedrigster Schaltstufe gut verkneten. Aus dem Teig
Kugeln formen. Die Kugeln auf ein mit Backpapier ausgelegtes
Backblech setzen und mit der Hand flachdrücken.*
*Den Teig mit Tomaten und Käse belegen, mit Salz und Pfeffer würzen
und im vorgeheizten Backofen bei 220° etwa 20 Minuten backen.*

Feuerwerk

Der Wüterich flüstert seiner Mutter ins Ohr, was ihn zum
Weinen bringt. Sie schreibt das, was sie zu hören bekommt, auf einen Zettel. Dieser Zettel wird dann sorgfältig zusammengefaltet und vor der Haustür verbrannt,
damit sich die Verzweiflung in Luft auflöst.

Wolken zählen

Wenn zu Hause dicke Luft ist und Frust im Raum hängt, Lauf-
schuhe anziehen und allein oder gemeinsam mit anderen durch
die frische Luft joggen, dabei tief Luft holen, den Mund halten
und in den Himmel gucken und »Wolken zählen«.

Känguruhsprünge

Wie ein Känguruh in Riesensprüngen durch die Lüfte hüpfen
und dabei laut, aus vollem Halse singen, auch das hilft manchmal, den Streß loszuwerden, der auf der Seele liegt.

Wenn der Kummer groß ist

Kleine Kinder lassen sich mit Hilfe bekannter und eingeübter Rituale trösten, von Kummer und Tränen ablenken. Sie wissen, was jetzt kommt: Sie werden auf den Arm genommen, gestreichelt, hin- und hergewiegt, und dann kommt meist ein Spiel, das sie seit Urzeiten kennen. Allein diese Vorstellung hilft manchmal schon, und sie beginnen wieder, vorsichtig zu lächeln. Bewährte Rituale:

- das Kind huckepack nehmen oder auf den Schultern reiten lassen
- die Tränen wegküssen
- die Innenfläche der Hand sanft kitzeln
- den Kummer einpacken: auf die flache Hand legen, die Hand zur Faust ballen. Die Faust hinter dem Rücken verstecken.

Froh zu sein

Froh zu sein
bedarf es wenig,
doch wer froh ist,
ist ein König!

Ein Hilfsmittel bei Kummer: Ganz laut das Lied vom frohen König singen.

125

Hopp, hopp, hopp

Hopp, hopp, hopp,
Pferdchen lauf Galopp
über Stock und über Steine,
aber brich dir nicht die Beine!
Hopp, hopp, hopp, hopp, hopp,
Pferdchen lauf Galopp.

Hoppe, hoppe Reiter,
wenn er fällt, dann schreit er.
Fällt er in die Hecken,
fressen ihn die Schnecken.
Fällt er in den Graben,
fressen ihn die Raben.
Fällt er in den Sumpf,
macht der Reiter plumps.

*Auf den Knien reiten, mal schneller, mal langsamer – bei Zwei-,
Dreijährigen seit eh und je sehr gefragt: ein Dauerbrenner und
wunderbares, fast immer wirksames Ablenkungsmanöver bei kleineren Wehwehchen.*

Doppelgänger

Ein Ablenkungsmanöver, das einen traurigen oder zornigen
Zwerg wieder auf andere Gedanken bringen kann: Das Kind
stellt sich auf die Füße des Erwachsenen, wird festgehalten und
dann setzt sich der Doppelgänger in Bewegung: Geht drei
Schritte vor, fünf zurück, wandert quer durchs Zimmer, steigt
vielleicht sogar Treppen hoch.

Flieger

Ein Spiel, das Väter schon immer gerne gemacht haben und das Tränen schnell trocknet: Das Kind an einem Bein und einem Arm festhalten und dann im Kreise wirbeln, einmal, zweimal und auf und nieder.

Eine Variante: Das Kind hoch in die Luft werfen und wieder auffangen.

Wollsockentier

Ein Trösteritual: Wenn die Tränen kullern, das Kind mit Hilfe eines Wollsockens wieder zum Lachen bringen. Den Socken über eine Hand ziehen. Die Hand verwandelt sich in ein wollenes Tier,
- das Schokolade bringt (die Schokolade zwischen die Finger klemmen)
- das Tränen wegstreichelt
- das das Kind am Kinn kitzelt.

Kummerkissen

Ein Kummerkissen anschaffen. Es kann kleinen Kindern helfen, ihren Kummer loszuwerden.

Mit Stoffstiften auf einen einfarbigen Kissenbezug Gesichter zeichnen. Auf die eine Seite des Kissens ein trauriges Gesicht: Die Mundwinkel weisen nach unten. Auf die andere Seite des Kissens ein fröhliches Gesicht: Die Mundwinkel weisen nach oben.

Hat das Kind Kummer, wird das Kummerkissen umgedreht: Das traurige Gesicht auf dem Kissen verschwindet, das lachende kommt zum Vorschein.

Glasmurmelsack

Einen Vorrat schönster Glasmurmeln im Schrank horten. Wenn es Kummertränen gibt, dem Kind jeweils eine Glasmurmel schenken und dazu ein Säckchen, in dem es die Murmeln sammeln kann. Im Laufe der Zeit kommt sicherlich einiges an Kummertränen-Murmeln zusammen.

Tränenschiff

Den Kummer einfach wegschicken: den Bach hinunter. Und so wird's gemacht:

Aus dünnem Karton (Briefkarte) ein kleines Segelschiff schneiden. Länge des Schiffs: etwa 6 Zentimeter. Auf der Rückseite des Schiffs den Grund vermerken für den Kummer des Kindes. Einen Korken der Länge nach halbieren und einritzen. Das Schiff in den Korkenschlitz stecken.

Dann zu einem Bach oder Teich gehen, das Schiff aufs Wasser setzen, ordentlich pusten, damit es sich in Bewegung setzt und den ganzen Kummer mitnimmt.

Die Knalltüte

Ist einem Kind nicht nach einem Wuttänzchen zumute, wenn die Dinge nicht nach seinem Gusto laufen, sondern mehr nach

Gejammer und Gezetere, nach einer Papiertüte greifen, die Tüte oben zusammenraffen, hineinblasen, die Tüte verschließen und anschließend mit Schwung auf die Tüte hauen und sie knallen lassen nach dem Motto: Der Frust löst sich in Luft auf.

Der Jammerlappen

Einen alten Stoffrest zum Jammerlappen machen. Wer in Wut und Verzweiflung verfällt, darf auf dem Jammerlappen herumhüpfen und -tanzen, darf jammern und schimpfen, so laut er will – bis die Wut verraucht ist. Wer den Jammerlappen verläßt, darf nicht mehr schimpfen und motzen – so die Spielregel für dieses Ritual.

Rumpelstilzchen

Den Wüterich schnappen, auf den Arm nehmen, mit ihm im Kreis herumwirbeln und dabei singen:

Ach wie gut, daß niemand weiß,
daß ich Rumpelstilzchen heiß.

Trampeltiere

Trampeltier spielen. So kräftig, so laut, so wild wie möglich mit beiden Füßen auf den Boden stampfen, schnell und schneller so die negativen Gefühle abarbeiten. Mit der Zeit verwandelt sich das Trampeltier in eine Schmusekatze. Zum Schluß schnurrt die Schmusekatze zufrieden.

Nach Wien hin und zurück

Wenn die Wut groß ist, eine »Radtour nach Wien und zurück« anregen. Und das heißt: Auf den Rücken legen und mit den Beinen kräftig radfahren, alle überschüssigen Kräfte abstrampeln. Die Radtour macht Spaß, wenn ein zweiter Spieler mitstrampelt.

Der Schmollwinkel

Eine Zimmerecke mit Kissen und Polstern auskleiden. In diesen Schmollwinkel können sich Kinder immer dann zurückziehen, wenn sie grantig oder traurig sind, um ihr inneres Gleichgewicht wiederzufinden.

Das Tränentuch

Ein besonderes Taschentuch für besondere Gelegenheiten reservieren: Wenn Kindertränen kullern, nicht zum gewöhnlichen Papiertaschentuch greifen, sondern dieses besondere Tuch holen und die Tränen damit abwischen.

Wieder zur Ruhe kommen

Überall Geräusche, überall Zeitdruck – gar nicht so einfach für ein Kind, im allgemeinen Getriebe zur Ruhe zu kommen und die Stille zu genießen. Stille erweitert die Sinne. Sie hilft, Empfindungen genauer wahrzunehmen, intensiver zu hören, zu sehen, zu fühlen. Spiele und Übungen, die, oft wiederholt, zu einem Ritual werden, können also helfen, innerlich zur Ruhe zu kommen. Einfache Entspannungsübungen:

- das Kind sachte hin- und herwiegen, wie zu Babyzeiten
- es auf den Arm nehmen und liebevoll drücken, ihm festen Halt geben und mit ihm im Wiegeschritt umhergehen
- die Augen schließen. Tief einatmen und ausatmen – ganz ruhig und gleichmäßig
- zusammen singen oder summen.

Stille

Still ist alles, was ich höre,
still ist alles, was ich tu,
still geht mein tiefer Atem.
Still ist alles, was ich höre,
still ist alles, was ich tu.

Leise fliegen rote Falter,
flattern sachte hin und her.
Leise fliegen rote Falter,
flattern über'm Blütenmeer.

Das Kind im Rhythmus dieses Verses sanft auf dem Schoß wiegen, streicheln und trösten.

Sonne und Gänseblümchen

Still ist der Stein.
Still ist der Baum.
Still ist das Gänseblümchen.
Still ist der Schmetterling.
Still ist die Sonne.

Zu zweit in der Sonne sitzen, die Wärme und Stille wahrnehmen.

In Gedanken fliegen

Zu zweit auf eine Fantasiereise gehen. Still und entspannt nebeneinander auf dem Boden liegen. In Gedanken zu einem Adler werden, der seine Flügel ausspannt und über die Lande fliegt. Was sieht der Adler da unten auf der Erde? Abwechselnd von der Reise berichten.

In der Wüste

Eine Entspannungsübung für zwei. Ganz still und entspannt nebeneinander liegen und kein Wort reden. In Gedanken durch eine Wüste wandern. Über sandige Dünen steigen, durch verdorrte Gestrüpplandschaften reiten.

Kerzenspiel

Ein Ritual, das hilft, wepsige Kinder innerlich zur Ruhe kommen zu lassen: Eine brennende Kerze mitten ins Zimmer stellen. Ins Kerzenlicht schauen. Einfach still zusammensitzen und eine Weile schweigen. Oder eine ruhige Geschichte erzählen.

Stille genießen

Eine Entspannungsübung für zwei: Friedlich und entspannt nebeneinander liegen, ganz dicht, Kopf an Kopf. Alle viere von sich strecken. Locker lassen. Sich nicht rühren. Tief und ruhig in den Bauch atmen. Den eigenen Atem belauschen und den Atem des anderen wahrnehmen.

Katzenspiel

Zusammen Katze spielen: große und kleine Katze. Die Katzen legen sich auf den Boden. Kringeln sich zusammen. Schlafen. Wachen langsam auf. Räkeln sich katzenmäßig. Recken und strecken sich. Dehnen die Beine. Stehen langsam auf. Machen einen Buckel. Schieben die Vorderpfoten nach vorne, die Hinterpfoten nach hinten. Machen einen langen Rücken und dehnen sich. Und dann schleichen sie auf und davon.

Das Sonnenspiel

Vorbereitung für das Ritual: Eine Sonne mit zehn Sonnenstrahlen auf Papier malen. Zu zweit oder dritt überlegen, wohin welcher Sonnenstrahl scheinen könnte.

Um ein Tier trauern

Das geliebte Meerschweinchen stirbt oder der Hund, der dem Kind seit Jahren ein Freund gewesen ist. Verzweifelt, hilflos reagieren kleine Kinder auf diesen Verlust. Aber nicht nur der Verlust eines lieben Freundes macht ihnen zu schaffen, sondern auch der Tod eines Tieres, das ihnen nicht vertraut ist. Scheu und verunsichert nehmen sie den Tod eines Vogels zur Kenntnis, der gestorben ist, weil er gegen eine Fensterscheibe flog oder den Tod einer Maus, die von einer Katze auf dem Gartenweg abgelegt wird.

Kinder können nicht begreifen, was Tod eigentlich bedeutet. Rituale helfen ihnen, Abschied zu nehmen:
- Maus und Vogel werden im Blumenbeet begraben, und das Grab wird mit einem Holzkreuz geschmückt oder Maus und Vogel bekommen ein Denkmal aus Kieselsteinen
- von dem geliebten Haustier wird ein Foto aufgestellt und in Ehren gehalten.

Lichterschale

Kerzenstummel in halbierten Walnußschalen befestigen. Die Nußschalenschiffchen in eine Schale mit Wasser setzen. Die Kerzen anzünden und zuschauen, bis alle Lichter erloschen sind.

Blüten streuen

Die Blütenblätter von Blüten zupfen und im Garten verstreuen oder auf einer Wiese und dabei in Gedanken Abschied nehmen von einem geliebten Tier.

Tieralbum

Gemeinsam mit Kindern ein Fotoalbum gestalten. Fotos von dem geliebten Hund oder der geliebten Katze in das Album kleben. Die Fotos beschriften. Bilder dazumalen, kleine Geschichten aufschreiben und einfügen und so Gelegenheit bieten, den Schmerz über den Verlust zu verarbeiten und schließlich zu überwinden.

Ängste in Schach halten

Unter dem Bett könnte sich ein Krokodil verstecken und im Mondlicht könnten Gespenster auftauchen – alle Kinder schlagen sich mit Ängsten herum. Mit diffusen und ganz konkreten Ängsten. Mit Vernunft und Erklärungen sind diese Ängste nicht zu beseitigen. Schon eher lassen sie sich wegspielen oder wegpusten oder nach genau festgelegtem Ritual einfach wegbeschwören mit viel Humor und Verständnis.

*A*ngst – *wovor eigentlich?*

Was neu ist, wird untersucht. Unbekannte Gefilde interessieren Kinder: »Das müssen wir näher anschauen!« Dieses Sich-Vor-wagen, Lospreschen, die Welt erforschen, zunehmend selb-ständig werden, bringt Spannung ins Kinderleben, strengt je-doch auch an: Gar nicht so einfach, die vielen Reize und die neuen Eindrücke zu verdauen. Da kann einem manchmal angst und bange werden.

Ängste gehören zwar zum Leben, haben oft sogar ihren Sinn: schützen vor Gefahren, schieben einen Riegel vor, falls sich Kinder zu weit vorwagen. Nehmen Ängste überhand, engen sie Kinder in ihrer Entwicklung stark ein. Neben handfesten, be-rechtigten Ängsten entstehen oft diffuse, die schwer zu be-schreiben sind.

Familienrituale – das Altbekannte, liebgewordene Gewohnte kann ein Gegengewicht sein zu dem aufregenden Neuen. Weil Rituale ein Stück Sicherheit und Geborgenheit vermitteln – hier bin ich auf vertrautem Terrain – fördern sie meist auch die Bereitschaft eines Kindes, sich zu öffnen, sich mitzuteilen, mit Vertrauten über das zu sprechen, was ihm auf der Seele liegt.

Der Angsthase

Nicht immer sind Eltern die richtigen Ansprechpartner, wenn sich ein kleines Kind mit Ängsten herumquält. Oft fällt es ihm leichter, einem Stoffhasen die geheimen Nöte ins Ohr zu flüstern – vielleicht, weil der Hase kein Wort zu den Geschichten sagt.

Märchen erzählen

Märchen vorlesen, Märchen erzählen – Märchen können Kindern helfen, mit ihren Ängsten besser fertigzuwerden.

So schauerlich die meisten Märchen mit ihren Hexen und Zauberern vielen Erwachsenen erscheinen mögen, Kindern sind diese Gruselbilder manchmal ganz vertraut. Sie kennen die bösen Fratzen und gierigen Wölfe aus ihren Träumen. Ganz beruhigend eigentlich zu erfahren, daß von diesen gräßlichen Wesen und dem Spuk, den sie veranstalten, auch in Märchengeschichten die Rede ist. Und noch besser: In der Wunderwelt Märchen wird das Böse besiegt, und das Gute gewinnt immer.

Märchen regen die kindliche Fantasie an. Ermutigen Mädchen, sich in wunderbare Prinzessinnen oder kluge Feen zu verwandeln und Jungen, starke Könige oder tollkühne Ritter zu werden. Der Wirkstoff Fantasie und das Ritual Märchenerzählen können ein brauchbares Mittel gegen Ängste sein.

Monsterbilder malen

Seltsame grünäugige, stachelige Ungeheuer mit spitzen Krallen oder lilarote Hexenwesen – die übelsten Gestalten werden manchmal in der Fantasie geboren und von Kindern aufs Papier gestrichelt. Manchmal mögen sie gräßliche Gruselgemälde gestalten, richtige Schocker für Eltern.

Diese Bilder haben Sinn: Kinder bringen die Angst aufs Papier, die ihnen zu schaffen macht, und damit sind die Angstgespenster schon weniger bedrohlich.

Der Löwe im Kinderzimmer

Plötzlich taucht der Löwe aus dem Lieblingsbuch hinter der Kinderzimmertür auf oder schaut zum Fenster hinein. Kinder projizieren Ängste, die in ihnen stecken, manchmal auf vertraute Gestalten aus Bilderbüchern und Geschichten. Diese Gestalten können manchmal verflixt lebendig werden und damit sehr beängstigend: Sitzt der Löwe wirklich hinter der Kinderzimmertür oder spielt sich diese Vorstellung in der Fantasie ab? Kleine Kinder können das oft nicht klar unterscheiden.

Eine Möglichkeit, ihnen zu helfen: Den Löwen malen, gruselig und grimmig. Das Papier dann in hundert kleine Stücke reißen und in der Toilette hinunterspülen. Weg ist das bedrohliche Tier. Und wenn es wieder auftaucht, dann wird das Ritual wiederholt.

Das Nußschalenboot

Eine Walnuß halbieren und aus einer Nußschalenhälfte ein Segelboot machen: Ein Klümpchen Knetmasse in das Boot geben und einen halbierten Zahnstocher mit angeklebtem Papiersegel in die Knetmasse stecken. Das Nußschalenboot auf einen Bach setzen und auf die Reise schicken. Alle Ängste, alle Kümmernisse in Gedanken mit dem Boot auf und davon schicken.

*A*bends, wenn es dunkel wird ...

Eltern-Tip

Die Großen bleiben abends im hellen Zimmer sitzen, reden miteinander, lachen. Die Kleinen werden zu Bett geschickt, dürfen nicht dabei sein, sollen schlafen und das auch noch bei Dunkelheit. Den wenigsten Kindern gefällt diese Vorstellung, denn die nächtliche Finsternis und allein im Dunkeln zu sein, das ist jedem Kind unheimlich: Wer weiß, was im Dunkeln lauert und was solch eine lange Nacht mit sich bringt?

Viele wehren sich dagegen, ins Bett geschickt zu werden und quengeln entsprechend: »Ich will noch nicht ins Bett!« Sie können oder wollen nicht einschlafen und veranstalten ein Riesentamtam im Kinderzimmer. Ins Bett gehen heißt für ein Kind darüber hinaus: »Ich werde abgeschoben, einfach weggeschickt, die Großen wollen mich nicht dabei haben!« Was erleben die anderen? Worüber reden sie? Es macht wenig Spaß, daran keinen Anteil zu haben.

Einschlafrituale mindern den Trennungsschmerz, mildern die Angst vor Dunkelheit und Alleinsein, vermitteln kleinen Geistern Zuversicht: Eine Portion Zuwendung, gemischt mit viel Zärtlichkeit, versüßt den Abschied.
Altbewährte Rituale:
- ein Betthupferl auf den Nachttisch legen: ein Gedicht zum Vorlesen oder ein Bild
- die Spieluhr aufdrehen und anstellen
- ein Gebet sprechen
- leise Musik anstellen
- immer die Vorhänge zuziehen oder das Fenster öffnen und so ein Zeichen setzen, das heißt »Jetzt ist Schluß!«

- eine Lampe in Sichtweite des Kindes brennen lassen
- Gute-Nacht-Kuß geben und gute Träume wünschen
- »Guten Abend, gute Nacht«-Schlaflieder singen
- die Tür zum Kinderzimmer einen Spalt offenstehen lassen, damit das Kind in Verbindung bleibt mit dem »Draußen«.

Gute-Nacht-Rituale sind wichtige Markierungspunkte in einem Kinderleben. Weil sie sich in der immer gleichen Weise zum annähernd gleichen Zeitpunkt wiederholen, vermitteln sie ein Stück Sicherheit: Darauf kann ich bauen, denn dieses »Spiel« läuft immer nach ein- und derselben Spielregel ab. Darauf ist Verlaß. Ich muß mich nicht neu orientieren, sondern kann mich ausruhen, die Augen schließen und beruhigt einschlafen.

Wer hat die schönsten Schäfchen?

Wer hat die schönsten Schäfchen?
Die hat der goldne Mond,
der hinter unsern Bäumen
am Himmel droben wohnt.
Er kommt am späten Abend,
wenn alles schlafen will,
hervor aus seinem Hause
am Himmel leis und still.
Dann weidet er die Schäfchen
auf seiner blauen Flur;
denn all die weißen Sterne
sind seine Schäfchen nur.

Schlaf Kindlein, schlaf,
dein Vater hüt' die Schaf,
die Mutter schüttelt's Bäumelein,
da fällt herab ein Träumelein,
schlaf, Kindlein, schlaf.

Das bekannteste Gute-Nacht-Ritual: Gemeinsam ein Schlaflied singen.

Stofftiere zudecken

Alle Stofftiere, alle Puppen auf Kissen oder in Betten und Schachteln legen, sorgfältig zudecken und jedem Tier und jeder Puppe Gute Nacht sagen und was sie träumen sollen. Der Teddy soll von Ahornsirup träumen, das Eichhörnchen von einer Reise zum Mond, die Puppe von einem Festessen. Gar nicht einfach, sich jeden Abend neue Träume auszudenken.

Die Kinderzimmermaus

Abend für Abend eine neue Geschichte von einer Maus erfinden, die unbemerkt im Kinderzimmer haust und die ganze Familie heimlich beobachtet. Die Tageserlebnisse der Kinder, aber auch der Eltern in die Mausegeschichte einbauen. Die Geschichten manchmal im Flüsterton erzählen, dann wirken sie geheimnisvoller.

Aufs Gute-Nacht-Geschichten-Erzählen oder -Vorlesen nicht verzichten. Kinder genießen dabei den unmittelbaren Kontakt: die Nähe, die Stimme, die Ausstrahlung von Mutter oder Vater. Alles zusammen vermittelt die Geborgenheit, die Kindern hilft, entspannt und fröhlich einzuschlafen.

Ein paar Tips zum abendlichen Geschichtenerzählen:
- keine aufregenden Räuberpistolen zum besten geben, sondern leise, ruhige Geschichten vorlesen oder erzählen
- nur Geschichten auswählen, die gut enden
- beim Vorlesen oder Erzählen ganz bei der Sache sein und nicht in Gedanken sonstwo spazierengehen. Kinder spüren genau, ob ihre Eltern wirklich bei ihnen sind.

Der Zauberkuß

Abends nicht nur einen Gute-Nacht-Kuß geben, sondern noch einen Zauberkuß dazugeben. Zauberküsse haben eine enorme Wirkung, wenn man nur fest daran glaubt. Sie helfen beim Einschlafen, scheuchen böse Träume weg, locken gute herbei und beruhigen zappelige, unruhige Kinder.

Sonne, Mond und Sterne

Sieben Briefumschläge besorgen. Auf die Umschläge Sonne, Mond und Sterne zeichnen. In jeden Umschlag einen anderen Zettel stecken. Auf jeden Zettel zehn Wörter schreiben – zum Beispiel: Maus, Korn, Käse, Haus, Baum, Regen, Tasse, Löffel, Kissen, Wecker. Eine Woche lang jeden Abend einen anderen Umschlag öffnen, drei Wörter aus der Liste aussuchen und dann eine Geschichte zu diesen drei Wörtern erzählen.

Streichelrunde

Abends, vor dem Ins-Bett-Gehen, auf Zehenspitzen in die Kinderzimmer schleichen, den kleinen, tief schlafenden Geistern über den Kopf streichen und einen Kuß geben.

Die meisten Eltern sind fest davon überzeugt, daß solch ein Kuß nicht nur böse Träume verscheuchen kann, sondern in den Schlaf hineinwirkt und Sicherheit vermittelt, »Alles in Ordnung! Ich bin bei dir!« signalisiert solch ein Kuß.

Traumbeutel

Vorbereitungen für das Ritual: Auf einen einfarbigen Stoffbeutel mit Stoffmalstiften Traumbilder zeichnen. Wacht ein Kind nachts auf, weil es schlecht geträumt hat, den Traumbeutel holen, den Traum, alles Beunruhigende und Beängstigende symbolisch in den Beutel packen, den Beutel fest zuziehen und nach draußen hängen: Weg ist der Traum.

Brett oder Stuhl?

Das Kind schnappen, vor sich her Richtung Bett tragen und dabei fragen »Brett oder Stuhl?« Brett bedeutet: Arme und Beine runterhängen lassen und sich steif machen. Stuhl bedeutet: Die Beine anziehen. Unter- und Oberschenkel im rechten Winkel halten. Das Kind dann als Brett bzw. Stuhl in Richtung Bett tragen.

Der ganz normale Schulstreß

Immer früh aufstehen, in die Schule wandern oder mit dem Bus fahren, dann stundenlang stillsitzen und lernen müssen, was längst nicht immer interessiert. Ob sie wollen oder nicht, Kinder müssen zur Schule, sich ein- und unterordnen und mitspielen. Das fällt oft schwer. Deshalb sind Schulkinder auf kleine Lichtblicke aus: Was bringt Abwechslung in den langweiligen Trott?

Oft schaffen sich Kinder selbst diese kleinen Lichtblicke, Gewohnheiten, an denen sie hängen und die den Alltag auf liebenswürdige Weise verschnörkeln oder die Glück bringen sollen. Auf den ersten Blick sind Rituale manchmal nicht mehr als eine harmlose Spielerei, oft gemixt mit einem Hauch Aberglauben, der meist aber nicht allzu ernst genommen wird, zum Beispiel redet sich mancher ein:

- »Nur wenn ich den Kugelschreiber mit dem Zahlenmuster dabei habe, wird mir die Matheschulaufgabe gelingen!«
- »Nur wenn ich meinen blauen Lieblingspullover trage, werde ich Glück haben beim Diktat!«
- »Auf dem Heimweg von der Schule gehe ich immer beim Bäcker vorbei und gönne mir eine Tüte Gummibärchen! Das bringt neue Kraft!«

Die geliebten kleinen Gewohnheiten haben oft die gewünschte Wirkung, können Mut machen, weil Kinder daran glauben und sich dann vielleicht eher trauen, das anzupacken, was sich wie ein Riesengebirge vor ihnen auftürmt.

Nicht nur Kinder sind große Erfinder von Ritualen, sondern auch Eltern. Mütter und Väter merken bald, daß liebgewordene

Gewohnheiten ein Sicherheitsnetz im anstrengenden Schulalltag bilden können, Kindern eine Möglichkeit bieten, sich einen Moment auszuruhen und auf andere Gedanken zu kommen. Welche Rituale erleichtern den Schulalltag?

- Schulgeschichten vorlesen, mit denen sich Kinder identifizieren können, zum Beispiel die Erich-Kästner-Geschichte: »Das Fliegende Klassenzimmer«
- während das Kind seine Hausaufgaben erledigt, ebenfalls am Schreibtisch sitzen, und zwar regelmäßig. Geteiltes Leid verbindet
- das Kind, das über seinen Schularbeiten brütet, nicht ganz allein lassen, sondern regelmäßig bei ihm vorbeischauen. Es kurz streicheln. In den Arm nehmen. Ihm Mut machen: »Bald hast du's geschafft!«.

Das Überraschungsbrot

An Schulaufgabentagen ein ganz besonderes Pausenbrot mitgeben: immer ein anderes. Ein Brot mit Salatscheiben verfeinern, mit Gurken, Tomaten oder mit Schokolade.

Schulbauchweh

Fünfblätterkraut
leg ich auf die Haut.
Mal dann ein Herz,
weg ist der Schmerz.

Wenn der Tag eines Erstkläßlers mit Schulbauchweh beginnt: Die Hand auf den Bauch legen. Eine Weile ruhig liegen lassen. Oder mit einem Finger ein Herz auf den Bauch zeichnen.

Rote Kirschen eß' ich gern

Rote Kirschen eß ich gern,
schwarze noch viel lieber,
in die Schule geh' ich gern
alle Tage wieder!

Ein Mutmacher- und Abschiedsvers für einen, der schweren Herzens zur Schule trottet.

Spickzettel

Für Grundschüler: Wenn eine Klassenarbeit ansteht, die mit Bangen erwartet wird, dem Kind ein besonderen Spickzettel als Glücksbringer mitgeben: Ein Herz aus Tonpapier mit der Aufschrift: »Ich denke an dich!«

Oder in der Schultasche ganz verschiedene Mutmacherzettel verstecken: einen ins Federmäppchen legen mit einem: »Ich denke an Dich!« Einen weiteren Zettel zum Pausenbrot packen mit einem: »Ich drücke dir die Daumen!«

Das rote Taschentuch

Hängt ein rotes Taschentuch im Fenster, ein Taschentuch, das leuchtet und das schon von weitem zu sehen ist, bedeutet das: Freu dich! Heute gibt es Pfannkuchen.

Diese Nachricht tut besonders gut, wenn ein Kind eine Schulaufgabe nach Hause schleppt, die nicht besonders gut ausgefallen ist.

Kakaopause

Die Hausaufgaben wollen kein Ende nehmen. Gelangweilt und müde kaut das Kind auf einem Stift. Wirkungsvoller als Ermahnungen und Erklärungen: Dem geplagten Schüler einfach einen warmen Kakao neben seine Schulhefte stellen. Solch eine Geste sagt oft mehr als viele Worte. Sie bedeutet ganz einfach: »Ich verstehe dich und versuche, dir zu helfen.«

Mutmacherlächeln

Manchmal klappt das Hausaufgabenmachen reibungsloser, wenn Mutter oder Vater, mit einer eigenen Arbeit beschäftigt, in Sichtweite sitzen und ihr Kind zwischendurch mit einem Lächeln für seinen Arbeitseifer belohnen. Sie müssen nicht Mitlerner oder Aufpasser sein, sondern sind als Mutmacher wichtig und signalisieren: »Du bist nicht allein! Nicht nur du, auch die anderen müssen was tun!«

Pfannkuchen mit Zeugnis

Das Zeugnis ist fällig. Für viele Schüler eine extreme Situation: Was kommt da auf mich zu, sind aus Dreien Vieren und aus Vieren Fünfen geworden? Es ist Aufgabe der Eltern, diesen Streß zu mildern. Auch dabei können Rituale helfen – zum Beispiel:

- ganz egal wie die Noten ausfallen, am Zeugnistag gibt es immer einen Berg extradicker Pfannkuchen mit viel Marmelade: zur Feier des Tages. Die Erfolgreichen werden mit Pfannkuchen belohnt, die weniger Erfolgreichen von ihrem Kummer abgelenkt
- am Zeugnistag wird ein Familienausflug ins Kino gemacht.

Wohlfühltisch

Gemeinsam mit dem Schulkind überlegen, wie sein Arbeitsplatz aussehen sollte: blitzeblank aufgeräumt oder mit Krimskrams dekoriert, an dem sein Herz hängt. Die Gestaltung dem Kind selbst überlassen und respektieren, denn fühlt es sich wohl an seinem Arbeitsplatz, hat alles die Ordnung, die es mag, dann fällt es ihm schon ein Stückchen leichter, sich an die Hausaufgaben zu setzen.

Ich wollt', ich wär' ein Huhn

Ich wollt', ich wär ein Huhn,
dann hätt' ich nichts zu tun,
ich legte jeden Tag ein Ei
und manchesmal auch zwei.

Ein Lied, das laut und oft gesungen, den Frust beim Hausaufgabenmachen mindert.

Angst vorm Arzt oder vorm Krankenhaus

Die meisten Kinder sind sich darin einig: Ein Besuch beim Kinderarzt kann schnell üble Überraschungen zur Folge haben. Manchmal wird Blut abgenommen oder eine Spritze gegeben. Selbst wenn die Erwachsenen energisch darauf bestehen, das sei doch gar nicht so schlimm, Kinder wissen es besser: Zum Kinderarzt gehen, das ist nicht unbedingt ihre Sache.

Auch wenn ihnen die Notwendigkeit, zum Kinderarzt zu gehen, noch so vernünftig, noch so geduldig erklärt wird, mit Erklärungen läßt sich hier meist wenig bewirken. Ein brauchbareres Mittel gegen Unbehagen und Angst: Rituale, die den Streß mildern. Die dem Kind lieb sind, auf die es sich freut und die Angst und Sorge in den Hintergrund treten lassen. Mit ein bißchen Tamtam werden meist auch die unangenehmen Dinge ein wenig erträglicher:

- immer ein- und dasselbe Vorlesebuch mit zum Arzt nehmen
- nach dem Arztbesuch zusammen ins Café gehen oder zur Eisdiele
- in einer Tasche ein Überraschungspäckchen verstecken und das Kind auf dem Heimweg danach suchen lassen. Oder den kleinen Patienten nach dem Besuch beim Kinderarzt regelmäßig immer mit besonders feinen Schokoladentäfelchen belohnen.

Arzt spielen

Vor dem Gang zum Kinderarzt zu Hause das mit Teddy, Puppe und Arztkoffer durchspielen, was in der Praxis auf das Kind zukommen wird. Beim Spielen das Impfen nicht vergessen und auch nicht das In-den-Finger-Piksen zur Blutabnahme. Während des Spiels über alle Nöte und Sorgen sprechen: »Wovor hast du eigentlich Angst und warum?«

Glücksklee

Vorbereitung für das Ritual: Ein groschengroßes, vierblättriges Kleeblatt mit grünem Filzstift auf Zeichenpapier zeichnen und ausschneiden. Das Kleeblatt in einer Jacken- oder Hosentasche verstecken.

Später, während der Wartezeit beim Arzt, darf das Kind nach dem Kleeblatt suchen. Ist es gefunden, hat es einen Wunsch frei. Das Kleeblatt für kommende Arztbesuche bereithalten.

Familie Fritz

Vorbereitung für das Ritual: Einen kleinen Schreibblock besorgen. Auf die erste Seite des Blocks den jüngsten Sproß der Familie Fritz zeichnen: Fridolin, 3 Jahre alt. Auf die folgende Seite die Zwillinge der Familie Fritz zeichnen: Ele und Nele, 4 Jahre alt. Dann den großen Sohn zeichnen: Siggi, 12 Jahre alt. Anschließend Mutter und Vater, Großmutter und Großvater, Tante und Onkel, Hund und Katze zeichnen. Den Block einstecken, wenn's zum Kinderarzt geht.

Im Wartezimmer den Block hervorkramen, durchblättern und über Familie Fritz miteinander sprechen. Das lenkt ab von der langweiligen Warterei.

Oder statt des Blocks immer ein ganz bestimmtes Bilderbuch mit zum Kinderarzt nehmen. Dieses Buch nur während der Wartezeit anschauen.

Das Golddukatenspiel

Vor dem Aufbruch zum Arzt zu Hause einen Schokoladentaler verstecken, eingepackt in Goldfolie.

Im Wartezimmer dann ein Ratespiel machen: Gemeinsam überlegen, wo der Goldtaler versteckt sein könnte. Beim Raten »warm« und »kalt« sagen. Warm heißt: Du näherst dich dem Versteck. Kalt: Du entfernst dich.

Nach dem Arztbesuch zu Hause nach dem Goldstück suchen: »Liegt es wirklich da, wo ich es vermutet habe?«

Die Impfkugel

Eine kleine Holzkugel in der Hosentasche haben. Die Kugel in die Hand nehmen und mit aller Kraft drücken, wenn der Arzt mit der Spritze kommt. Nicht an die Spritze denken, sondern nur an die Kugel.

Handauflegen

Wird geimpft oder ist Blutabnehmen angesagt, dem Kind immer die flache Hand auf Kopf und Stirn legen. Diese Zeremonie heißt: »Ich bin bei dir, ich beschütze dich!«

Der störrische Esel

Die Wartezeit beim Kinderarzt mit Geschichten vertreiben. Nur im Wartezimmer, sonst nie, eine ganz bestimmte Geschichte erzählen, zum Beispiel vom störrischen Esel berichten, der in einem kleinen Dorf in Südspanien lebt und die Dörfler zur Verzweiflung bringt, weil er nie daran denkt das zu tun, was sie von ihm erwarten.

Eis mit Sahne

Regelmäßig nach dem Besuch beim Kinderarzt eine ganz bestimmte Eisdiele ansteuern und ein besonderes Eis spendieren: eine Kugel mehr als sonst und immer mit Sahne.

Streifzug durchs Kaufhaus

Nach dem Kinderarzt einen Streifzug durch ein Kaufhaus machen mit Rolltreppefahren und ausgiebigem Besuch der Spielzeugabteilung.

Der Arztkoffer

Zu Hause einen »Arztkoffer« deponieren: einen Koffer mit Verbandszeug, Schere und Pflaster, mit Spritzen und anderen Ärzteutensilien.

Den Koffer herausholen, wenn ein Arztbesuch oder Krankenhausaufenthalt ansteht und im Spiel das vorwegnehmen, was später auf das Kind zukommen kann.

Glanzlichter für den Alltag

*Wie angenehm und herrlich, wenn die Alltage
ein paar liebenswerte Schnörkel bekommen.
Nichts Aufwendiges oder Großartiges muß das
sein. Auch kleinere Zuwendungen signalisieren
einem Kind: Meine Eltern sind für mich da.
Kümmern sich nicht nur um meine Pflichten,
sondern auch um meine Freuden.*

Liebe geht auch durch den Magen

Kleine Freuden tun Leib und Seele gut. Süße oder salzige Liebesbeweise heben die Laune und haben das Zeug dazu, Lieblingsspeisen zu werden. Kinder lassen sich gerne bekochen und bebacken, helfen meist auch bereitwillig – vor allem, wenn aus dem Kochen und Backen ein Fest gemacht wird und kein Huschhusch-Alltagsgeschehen, das nebenbei schnell erledigt wird.

Backe, backe Kuchen

Was kleine Kinder immer schon gesungen haben beim Backen und immer noch gerne singen:
Backe backe Kuchen,
der Bäcker hat gerufen,
wer will guten Kuchen backen,
der muß haben sieben Sachen:
Eier und Salz,
Zucker und Schmalz,
Milch und Mehl,
Safran macht den Kuchen gehl.
Schieb, schieb in Ofen rein.

Bilderkuchen

Daß die meisten Kinder begeisterte Kuchenesser sind, ist bekannt. Ganz normale Kuchen kommen in der Regel bereits gut an, Bilderkuchen noch viel besser. In einer runden Kuchenform einen Kuchen backen, ganz gleich nach welchem Rezept. Den

Kuchen in acht oder mehr Stücke aufteilen. Für jedes Kuchenstück ein Bild auf einen Extrazettel zeichnen: eine Blume, eine Katze, ein Haus, einen Hund, eine Ente, ein Huhn, ein Auto, ein Schiff, einen Apfel zum Beispiel. Die Bilder mit Klebeband an Zahnstochern befestigen. Dann in jedes Kuchenstück ein anderes Bild stecken. Später heißt es dann: »Wer möchte das Kuchenstück mit dem Blumenbild, wer das mit der Katze, mit dem Haus, dem Hund, der Ente?« Das Spiel mit dem Bilderkuchen ab und zu und in unregelmäßigen Abständen wiederholen. Aber nicht zu häufig, damit es nicht so schnell an Reiz verliert.

Novemberbonbons

Mutter oder Vater und Kinder rühren zusammen Bonbons – eine süße Angelegenheit, die zum Beispiel immer am ersten November stattfinden könnte als besonderes Zuckerl gegen grautrübe Regenstimmung.

Das Rezept: 375 Gramm Zucker, einen Liter Rahm und etwas Butter unter Rühren einkochen, bis die Masse hellbraun wird und Fäden zieht.
Ein Blech mit Butter auspinseln, die Zuckermasse auf dem Blech verteilen und noch warm in Würfel schneiden.

Apfelkönige

Aus Äpfeln werden Kronen und aus Obstessern Könige.
Einen Apfel rundum mit einem spitzen kleinen Messer einschneiden. Lauter Zacken schneiden. Bis zum Kerngehäuse durchschneiden. Die gezackten Apfelhälften auseinandernehmen und als Kronen zwei Kindern auf den Kopf legen. Wer balanciert sich durchs Zimmer, ohne daß sie hinunterfallen?

Überraschungsrolle

Eine Biskuitrolle mit Füllung. Den Kuchen häufiger backen, aber immer mit anderer Füllung. Das ist der Reiz an der Sache, denn jedesmal rätseln die Kinder: Was enthält die Rolle diesmal?

Das Rezept für die Rolle: 3 Eier, 120 g Puderzucker, 120 g Mehl, 1 Tl. Backpulver.

Die Eier und den Puderzucker mit dem Rührgerät zwölf Minuten lang auf höchster Stufe verrühren. Dann Mehl und Backpulver vermischen, in den Teig sieben und vorsichtig unter die Eiercreme heben.

Ein Backblech mit Backpapier belegen. Den Biskuitteig mit einem Teigschaber auf dem Backblech verteilen und sofort im vorgeheizten Backofen bei 175° etwa zehn Minuten lang backen.

Die Kuchenplatte nach dem Backen sofort auf ein mit Zucker bestreutes Geschirrhandtuch stürzen.

Die Füllung machen: Einen Becher Sahne steif schlagen. Einen Eßlöffel Marmelade dazu geben und vorsichtig verrühren. Mal Erdbeer-, mal Orangen-, mal Aprikosen- oder auch ganz andere Marmelade nehmen – je nachdem.

Dann die Biskuitplatte mit der Füllung vorsichtig aufrollen.

Wenn das Wetter nicht mitspielt

Eltern-Tip

Schlechtes Wetter – auch schon ein Thema für kleine Kinder. Ein paar Beschwörungsformeln und Spiele, die von nassen Füßen und kalten Händen ablenken, kleine fröhliche Rituale, die Kinder trotz Kälte oder Regens bei Laune halten, können Wunder wirken.

Regenwetter

Es regnet, es regnet,
es regnet seinen Lauf.
Und wenn's genug geregnet hat,
dann hört's auch wieder auf!

Regen, Regen, Tröpfchen,
es regnet auf mein Köpfchen,
es regnet ohne Unterlaß,
alle Kinder werden naß!

Wenn es regnet:
- *zusammen durch den Regen rennen, Regenverse singen und ein paar Regentropfen mit der Zunge auffangen*
- *auf die Gummistiefelspitzen selbstklebende Punkte mit aufgemalten Strahlegesichtern pappen*
- *an die Spitze vom Regenschirm einen dicken bunten Luftballon binden und mit Ballonschirm im Regen spazierengehen*
- *den Wasserstand von Pfützen messen. Einen Stock in eine Pfütze stellen, den Wasserstand markieren. Den Wasserstand nicht nur in einer, sondern in mehreren Pfützen messen*

- *Pfütze umrunden. Einen Startpunkt markieren. Dann einen Fuß vor den anderen setzen. Wieviel Fuß mißt der Umfang der Pfütze? Weitere Pfützen ausmessen.*

Kälte

Liebe Sonne, komm gekrochen,
denn mich friert's an meinen Knochen.
Liebe Sonne, komm gerennt,
denn mich friert's an meine Händ'.

Es schneiet, es schneiet, es geht ein kalter Wind.
Da ziehn die Kinder Handschuh an
und laufen geschwind.

Wenn es kalt ist:
- *Hände aufwärmen: Die Kleinen stecken ihre Hände in die Manteltaschen der Großen*
- *Adler spielen im Schnee: Auf dem Rücken im Schnee liegen, Arme und Beine hin- und herbewegen. Und dann den Abdruck im Schnee bewundern*
- *mit den Füßen Bilder in den Schnee trampeln: einen Baum oder ein Haus.*

Nebel

Nebel, Nebeltraum,
hängt im Apfelbaum.
Puste ihn davon,
rufe nach der Sonn'.

Wenn es neblig ist:
- *Gespenster- oder Räubergeschichten erzählen beim Spazierengehen im Nebel, damit das Ganze noch ein wenig gruseliger wird*
- *Mit einer Taschenlampe oder einer Laterne durch den Nebel geistern.*

Sonnenlied

Liebe Sonne scheine
auf meine Zappelbeine.
Bitte scheine auch
auf meinen runden Bauch.

Bei Regenwetter laut und kräftig die Sonne beschwören.

Picknick im Regen

Wurst- und Käsebrote einpacken und unterwegs, eng zusammengekuschelt unterm Regenschirm, ein Picknick machen. Die Brote verspeisen und dazu warmen Tee aus einer Thermosflasche trinken.

Graue Tage aufhellen

Eltern-Tip

Der eine ist mit dem linken Fuß zuerst aufgestanden. Der andere kommt mit seinen Siebensachen nicht klar –, manche Tage laufen einfach von Beginn an holprig. Liebenswerte Rituale bringen Glanz in graue Tage und vermitteln neuen Schwung.

Sterntaler

Ein Gute-Laune-Spiel für kleine Kinder. Wenn dieses Spiel aus dem Schrank geholt wird, weiß jeder: Die Stimmung in der Familie kann nun nur noch besser werden.

Vorbereitungen für das Spiel: Eine Handvoll Sterne zeichnen, vierzackige, sechszackige Sterne, gelb und orange. Die Sterne ausschneiden. Dreimal ein Kreuz auf die Rückseite von drei Sternen zeichnen. Die Sterne in einer mit Sternchen bemalten oder beklebten Schachtel aufbewahren.

Das Spiel: Alle Sterne im Kinderzimmer auf dem Boden verteilen. Die Mitspieler – egal wie viele mitmachen – warten an der Kinderzimmertür. Auf »los« laufen alle ins Zimmer. Jeder klaubt so viele Sterne wie möglich vom Boden auf. Wer die Sterne mit den Kreuzen auf der Rückseite gefunden hat, darf die gegen Schokolade eintauschen. Die Schokolade wird dann unter allen Mitspielern aufgeteilt.

Goldgräber

Ein Sandkasten-Sonnen-Sonntagsritual, das Sandspiele interessanter macht: Eine riesige Sandburg schaufeln. In der Burg zehn sorgfältig in Goldfolie eingewickelte Bonbons vergraben. Der Goldgräber buddelt mit den Händen im Sand und sucht nach den Goldschätzen.

Geschichtenlotto

Zwei Vorlesegeschichten gemeinsam mit dem Kind auswählen. Den Titel der einen Geschichte auf einen roten, den Titel der zweiten Geschichte auf einen grünen Zettel schreiben. Jeden Zettel sorgfältig zusammenfalten. Den einen Zettel in die rechte, den anderen in die linke Hand stecken, heimlich und hinter dem Rücken. Und dann heißt es: »Welche Hand soll ich zeigen? Welche Geschichte ist auf dem Zettel in der Hand genannt?«

Kekslotto

Ein Würfelspiel für vier Spieler. Es hilft, kleine Kümmernisse
schnell zu überwinden: Zuerst ein Kreuz aus Keksen auf den
Tisch legen. Jeder Balken besteht aus zwanzig Keksen. In die
Mitte des Kreuzes ein Bonbon legen.

Das Spiel: Jeder startet an einem anderen Ende des Kreuzes.
Reihum würfeln. Wer eine 2 wirft, zählt zwei Kekse weiter und
darf den entsprechenden Keks aus dem Balken nehmen. Wer 3
wirft, zählt drei Kekse weiter. Und so fort. Wer das Bonbon in
der Mitte zuerst erreicht, darf es einkassieren.

Wunschzettel

Den Abend besonders gestalten, drei verschiedene Vorschläge
zur Wahl stellen:
● malen
● basteln
● Karten spielen.

Die drei Möglichkeiten auf ein großes Papier schreiben. Den
»Wahlzettel« an die Küchentür hängen mit der Bitte, daß jedes
Familienmitglied ein Kreuzchen hinter dem Vorschlag, der ihm
am meisten zusagt. Was erreicht die meisten Punkte?

Grabbelsack

Pfennigstücke über einen längeren Zeitraum in einem Säckchen
sammeln. In den Pfennigsack zwei Markstücke, ein paar Fünf-
zigpfennigstücke und ein paar Groschen geben.

167

Den Pfennigsack manchmal aus dem Schrank nehmen und fragen: »Wer mag in den Grabbelsack greifen?« Langes Graben und Fühlen sind nicht erlaubt, sondern nur schnelles Zupacken:

- wer einen Pfennig greift, darf den Pfennig einstecken
- wer einen Groschen greift, den Groschen. Und so weiter.

Familiendiamant

Einen achteckigen oder zwölfeckigen Glasstein besorgen und zum Familiendiamanten erklären.

Den Diamanten ab und zu im Kinderzimmer verstecken. Wer ihn findet, kann ihn gegen einen dicken Kuß eintauschen. Oder gegen einmal Später-ins-Bett-Gehen. Oder gegen Erdbeermilch zum Abendbrot.

Einmal Englisch, bitte

Mit Kindern ein paar Sätze englisch oder französisch sprechen; selbst wenn sie kein Wort verstehen, klingt das, was sie da zu hören bekommen, geheimnisvoll und aufregend: nach ganz »besonders« und das macht ihnen Freude.

Post für dich

Kinder haben ein feines Gespür dafür, wann ihre Eltern wirklich an ihnen interessiert sind und wann sie in der Familie eher eine Nebenrolle spielen. Sie merken genau, wen Mutter besonders liebevoll anstrahlt, mit wem sich Vater interessiert unterhält. Läuft dieses Spiel nach den immer gleichen Spielregeln ab, prägen sich Muster ein, die lange nachwirken. Umso wichtiger, daß Mütter und Väter früh gegensteuern und sich ihren Kindern zuwenden. Leichter gesagt als getan. Rituale können Eltern helfen, ihre Zuwendung gleichmäßig zu verteilen. Ein altbewährtes Mittel, mit Kindern im Gespräch zu bleiben: Ihnen schreiben, keine langen Briefe, sondern kleine Zettel mit Liebeserklärungen. Angenehme Post bekommt jeder gern.

Schneckenpost

Eine Schneckenkarte an das Kind schicken: eine Postkarte, auf der der Text nicht wie gewohnt Zeile um Zeile von links nach rechts untereinander, sondern in Schneckenhausform geschrieben ist. Das erste Wort steht mitten auf dem Papier, und die weiteren Wörter sind in einer Spirale geschrieben.

Bilderbriefe

Kindern Briefe schreiben. Die Briefe nicht in gewöhnliche Briefumschläge stecken, sondern in besonders gestaltete Umschläge. Die Umschläge bemalen oder aus den Briefmarken Bilder machen:

- ist auf der Marke ein Portrait zu sehen, wird zum Kopf eine Gestalt auf den Umschlag gezeichnet
- ist auf der Marke eine Landschaft abgebildet, wird aus der kleinen Landschaft mit Hilfe von Stiften eine größere.

Zwischendurchpäckchen

Kinder freuen sich über Päckchen, erst recht über ein Päckchen, das einfach so, zwischendurch mal zu Hause ankommt, obwohl weder Weihnachten noch Geburtstag ist. Wie solch ein Päckchen aussehen könnte:
- einen kleinen Karton mit edlem Papier bekleben
- in den Karton Kleinigkeiten packen: einen Luftballon, einen Schokoriegel und einen Bleistiftspitzer zum Beispiel. Dazu einen Zettel mit ein paar guten Wünschen legen.

Kinderzimmerbriefkasten

Einen Extrabriefkasten, einen mit edlem Papier beklebten Schuhkarton, im Kinderzimmer aufstellen und einen familien-internen Briefwechsel anregen.

In diesen Briefkasten in unregelmäßigen Abständen Briefe legen. Mal häufiger, mal seltener Briefe schreiben. Mal kurze, mal längere Briefe verfassen, damit die Spannung bleibt: Liegt Post für mich im Kasten oder nicht? Und was finde ich darin?

Zettelwirtschaft

Manche Dinge lassen sich schriftlich leichter sagen als mündlich. Deshalb manchmal Nachrichtenzettel in der Wohnung verteilen mit Minibotschaften. Einen Guten-Morgen-Zettel im Badezimmer an den Spiegel kleben. Einen Hast-du-gut-geschlafen?-Zettel auf den Frühstücksteller legen. Einen Ich-wünsch-dir-einen-schönen-Schultag-Zettel ins Federmäppchen.

Witze sammeln

Witzige Bilder, skurrile Nachrichten aus Zeitungen oder Zeitschriften ausschneiden und die Fundstücke zur Freude aller Familienmitglieder in der Wohnung verteilen: auf Treppenstufen kleben oder an Spiegel, an Küchentüren oder schwarze Bretter.

Spiele faxen

Noch spannender als Briefe im Briefkasten: Briefe, die per Fax zu Hause ankommen. Du faxt mir und ich fax dir, heißt dieses fröhliche Ritual:
- ein Bilderrätsel, selbst ausgedacht und aufgemalt
- ein paar Verse, abgeschrieben oder selbst gemacht
- eine Gute-Nacht-Geschichte, ausgedacht und aufgeschrieben
- einen Kurzcomic, erfunden und aufgezeichnet.

Päckchen im Päckchen

Kleine Kinder haben eine große Vorliebe fürs Päckchen-Auspacken, Schnüre lösen und Papier zerknüllen.

Deshalb alle paar Wochen ein Überraschungspäckchen ins Kinderzimmer stellen: einen Karton, in dem weitere Kartons stecken, und in dem kleinsten Karton findet sich dann endlich ein kleines Geschenk.

Überraschung beim Frühstück

Familienzeitung

Kinder lesen die Tageszeitung, die Schülerzeitung oder die Sportzeitung. Vielleicht würden sie auch gerne eine Familienzeitung lesen.

Aufwendig gemacht und perfekt muß eine Familienzeitung nicht sein. Ein paar Tips:

- auf zwei, drei Bögen Papier Spiele malen, Fotos kleben, Artikel schreiben – alles zum Thema »meine Familie«
- für Leseanfänger: Familienvornamen-Rätsel aufgeben. Einen Namen aufschreiben. Ein paar Buchstaben auslassen. Wer kann den Namen ergänzen?
- einfache Kreuzworträtsel ausdenken und aufmalen mit Begriffen aus dem Familienleben
- einen Streit im Kinderzimmer beschreiben
- wenn ein Garten vor dem Haus ist: Ein Blatt pflücken, pressen, aufkleben. Wer weiß, von welchem Gartenbusch das Blatt stammt?
- ein altes Foto einkleben. Wer weiß, wann und wo dieses Foto aufgenommen wurde?
- ein Familienmitglied wortreich beschreiben und fragen: Wer weiß, wer gemeint ist?
- Kindheitserinnerungen der Großeltern aufschreiben
- ein Stück Familiengeschichte wiedergeben, ganz kurz und knapp.

Die Familienzeitung morgens auf den Frühstückstisch legen. Eine Familienzeitung, die in unregelmäßigen Abständen erscheint, kann mehr als nur Vergnügen und Glimmer am Alltagshimmel sein. Sie kann das Zusammengehörigkeitsgefühl unterstreichen und verstärken.

Feste feiern

Feste sind nicht das Alltägliche, sondern das Besondere. Sind mehr als nur zusammen essen und spielen und fröhlich sein. Feste laufen nach ganz bestimmten Regeln ab, und gerade das macht den Reiz der Sache aus und steigert die Vorfreude. Denn schon im voraus kann man sich ein Fest in allen Einzelheiten vorstellen, schließlich weiß man aus Erfahrung, wie es ablaufen wird. Dennoch bleibt genug Spielraum für Überraschendes.

Laternenfest

Die Monate zwischen Sommerferien und Weihnachtszeit ziehen sich hin, oft ist das Wetter schlecht und damit auch die Stimmung nicht gerade rosig. Ein Lichtblick, der das Novembergrau aufhellen kann: das Laternengehen. Mit wenig Aufwand kann ein Fest daraus werden, ein Fixpunkt, auf den sich die Kinder schon Tage vorher freuen können, denn sie wissen aus Erfahrung, da kommen schöne Dinge auf uns zu. In Süddeutschland findet das Laternegehen meistens am Sankt-Martins-Tag statt.

Laterne basteln

Nachmittags zusammen Laternen basteln. Man kann sie auf ganz einfache Art und Weise fertigen: in die Seitenteile eines kleinen Kartons Fenster schneiden. Das Pappgehäuse mit Deckweiß anmalen. Dann die Fenster mit farbigem Transparentpapier zukleben. Zwei Löcher am oberen Rand in den Karton bohren: ein Loch rechts, ein Loch links. Aus Draht einen Haltebügel biegen. Den Draht durch die Löcher ziehen. Die Drahtenden umbiegen. In der Laterne ein Teelicht befestigen.

Sonne, Mond und Sterne

Laterne, Laterne,
Sonne, Mond und Sterne,
brenne auf, mein Licht,
brenne auf, mein Licht,
aber nur meine liebe Laterne nicht.

Ich geh' mit meiner Laterne
und meine Laterne mit mir.
Dort oben leuchten die Sterne,
hier unten leuchten wir.
Mein Licht geht aus,
wir geh'n nach Haus,
Labimmel, labammel, labumm.

Nicht nur am Sankt-Martins-Fest, sondern auch in den Tagen da-nach Abendspaziergänge mit der Laterne in der Hand machen. Dabei laut und kräftig Laternenlieder singen.

Der Tag ist nun vergangen

Der Tag ist nun vergangen,
und dunkel schläft die Welt.
Die hellen Sterne prangen
am blauen Himmelszelt.
Ernst Moritz Arndt

Den Sternenhimmel beobachten. Die Milchstraße suchen, die aus Milliarden Sternen besteht und sich wie ein nebliges, dichtes Ster-nenband über den Himmel erstreckt. Oder den großen und den kleinen Wagen suchen und den Polarstern. Um den Polarstern zu finden – er leuchtet ganz besonders hell –, muß man die Rückseite des kleinen Wagens um das Fünffache nach oben verlängern.

Bratäpfel

Bratäpfel schmecken wunderbar, vor allem wenn es sie nur bei ganz besonderer Gelegenheit gibt, zum Beispiel einmal im Jahr, und zwar immer nach dem Laternegehen.

Das Rezept: Die Kerngehäuse aus Äpfeln ausstechen. Rosinen und Honig mischen. Die Masse in die Äpfel füllen.
Die Äpfel in eine feuerfeste, gebutterte Form geben und mit zerlassener Butter beträufeln. Die Äpfel im Backofen bei 200 Grad etwa 25 Minuten lang backen und mit heißer Vanillesoße servieren.

Stern und Sternchen

Das Sternenspiel basteln. Dieses Spiel nur einmal im Jahr spielen und zwar nur am Laternenfest. Bastelanleitung: Einen kinderhandgroßen Vierzackstern und einen halb so großen Vierzackstern mit Filzstift auf dünnen Karton zeichnen. Einen großen Vollmond und einen kleinen, einen großen Halbmond und einen kleinen, eine große Mondsichel und eine kleine, einen großen Sechszackstern und einen kleinen, einen großen Achtzackstern und einen kleinen aufzeichnen. Alle Bilder ausschneiden. Die kleinen Monde und kleinen Sterne auf Briefkarten kleben.

Zwei oder mehr können mitmachen. Die großen Monde und großen Sterne auf den Tisch legen, und die Karten mit den kleinen Monden und kleinen Sternen verdeckt daneben auf einen Stapel. Auf jeden großen Mond und jeden großen Stern ein paar Süßigkeiten legen. Der Jüngste beginnt, zieht die erste Karte vom Stapel und darf sich die Süßigkeiten nehmen, die auf dem entsprechenden Bild liegen. Dann ist der Nächste an der Reihe. Das Spiel endet, wenn alle zwei- oder dreimal gezogen haben.

Leuchtkürbis

Alle Jahre wieder im Herbst zusammen mit Kindern einen Kürbis aushöhlen, in die Schale Augen, Nase und Mund einschneiden. In den »Kürbiskopf« eine dicke Kerze stellen. Den »Kürbiskopf« nach draußen stellen, die Kerze anzünden.

Theatertag

Mit Kindern einmal im Jahr ein Theaterfest inszenieren, ein Stück mit ihnen einstudieren und vorführen, Freunde und Nachbarn zur Aufführung einladen oder auch nur – wenn die Zeit nicht reicht – eine Kiste mit alten Kleidern und Zubehör hervorkramen und ein Verkleidungs- und Schminkfest feiern. Findet dieses Fest am immer gleichen Tag statt und nach dem immer gleichen Ritual einschließlich Limo trinken und Kuchen essen, dann kommt zur Freude am Theaterspielen noch die Vorfreude auf das besondere Ereignis, und das Vergnügen verdoppelt sich.

Kasperletheater

An einem ganz bestimmten Ferientag – egal ob in den Oster- oder Sommerferien, mit einem Spielpartner zu Hause Kasperletheater spielen:
- ein Theaterstück aussuchen oder schreiben
- das Stück einstudieren
- vorhandene Kasperlepuppen eventuell neu kleiden. Kostüme improvisieren oder nähen
- die Kasperlebühne aufbauen. (Oder einfach nur ein Tuch quer über einen Türrahmen spannen)
- Theaterkulissen malen
- das Stück am Abend vor der versammelten Familie und vor Freunden aufführen.

Verkleidungskiste

Kinder verkleiden sich mit Freuden, vor allem und erst recht, wenn sie ihre Verkleidungskünste wie bei einer Modenschau einem Publikum vorführen können.

In einer Kiste über Jahre alte Hüte und Mützen, Kleider, Blusen, Tücher, Schuhe, Brillen und anderes Zubehör sammeln. Eine besondere Anleitung brauchen Kinder nicht, wenn sie sich verkleiden. Sie entwickeln ihre eigenen Vorstellungen.

Prinzessin oder Seemann?

Wo ein gutes Theaterstück finden, das nicht zu lang und nicht zu kurz ist? Welches Stück eignet sich überhaupt? Vor dem Theaterfest alle Jahre wieder in die Stadtbibliothek gehen und dort gemeinsam nach einem geeigneten Stück suchen.

Schminken

Ab und zu, in regelmäßigen Abständen, das Thema Schminken auf den »Spielplan« setzen. Die Augen mit Lidschatten betonen und die Lippen mit Lippenstift, einen Schnurrbart mit einem Augenbrauenstift aufmalen und mit den Faschingsschminkresten Herzchen ins Gesicht zeichnen. Kinder schminken sich gerne. Besonders gerne, wenn das Schminken stets mit einem besonderen Zeremoniell verbunden ist: Im Kinderzimmer wird dann extra ein großer Spiegel aufgebaut. Zum Schluß die geschminkten Gesichter fotografieren – mit und ohne Grimasse schneiden. Die »Schminkfotos« in einem Extrakasten sammeln.

Pappfigurentheater

Aus einem verregneten Sonntag einmal im Jahr ein Theaterfest machen. Zuerst auf dünne Pappe mit bunten Stiften Fantasiefiguren zeichnen: ein langes, dünnes Wesen und ein kleines knubbeliges zum Beispiel. Alle Figuren ausschneiden und auf dünne Holzleisten nageln oder auf dicke Pappgriffe kleben. Einen Tisch zur Bühne machen: Die Figuren an der Tischkante entlangkaspern lassen. Dann ein Theaterstück ausdenken, aufschreiben, einstudieren und vorführen. Die Pappfiguren nach ihrem Auftritt in einer schönen Schachtel verstauen und hervorholen, wenn wieder ein verregneter Nachmittag angesagt ist. Immer wieder neue seltsame und witzige Pappfiguren dazubasteln und neue Theaterstücke schreiben.

*A*dventszeit, *Weihnachten*

Ebenso wichtig wie das Weihnachtsfest: die Adventszeit. Die Wochen vor Weihnachten haben in den meisten Familien eine feste Dramaturgie, versehen mit vielen kleinen Höhepunkten und Verschnaufpausen auf dem Weg zum ganz großen Ereignis: dem Weihnachtsfest. Normale Alltagsregeln werden jetzt durch besondere ersetzt, durch Weihnachtsrituale, die besonders gepflegt werden:

- an den Adventsonntagen wird oft ein besonderes Frühstück zelebriert mit viel Kerzenlicht, Lebkuchensternen und mit Anwesenheitspflicht aller Familienmitglieder
- in den meisten Familien ist ein Adventskranz üblich. Bei den einen *muß* der Kranz mitten über dem Tisch hängen, bei den anderen auf dem Tisch liegen. Oder er *muß* rote Kerzen haben und Goldbänder oder weiße Kerzen und gar keine Schleifen. Viele haben da sehr genaue Vorstellungen
- am 6. Dezember kommt der Nikolaus. Mal besucht er die Kinder am Nachmittag und verteilt seine Gaben. Mal kommt er heimlich und füllt die Stiefel, die sie vor die Tür gestellt haben.

Adventskette

Für viele Kinder ein wichtiger und fester Bestandteil der Vorweihnachtszeit: der Adventskalender oder die Adventskette.

Wie eine Adventskette entsteht: Für jeden Tag der Vorweihnachtszeit ein Geschenk besorgen. Überraschungen in Kleinformat wie eine Minitüte mit Gummibärchen, Schokoladenweihnachtsmann, Marzipanherz. Selbstgemachtes dazulegen: ein aufgerolltes Papier mit Weihnachtsgedicht oder Weihnachtsgeschichte, ein neueres Familienfoto oder einen Gutschein.

24 Überraschungspäckchen zusammensuchen, in Weihnachtspapier wickeln und verschnüren. Die Geschenke an ein langes Band hängen, und das Band mit den Päckchen im Kinderzimmer aufhängen. Dann jeden Tag ein Päckchen von der Kette abschneiden.

Plätzchentag

Einen festen Tag in der Vorweihnachtszeit fürs Plätzchenbacken reservieren. Weihnachtsplätzchen selberbacken heißt, sich noch Jahrzehnte ganz genau an den frischen Plätzchenduft erinnern, an den Geschmack und an das, was schiefgelaufen ist beim Backen: Mal sind die Plätzchen zerbröselt, mal verbrannt.

Morgen, Kinder, wird's was geben

Morgen, Kinder, wird's was geben,
morgen werden wir uns freu'n,
welch ein Jubel, welch ein Leben,
wird in unserm Hause sein!
Einmal werden wir noch wach,
heißa, dann ist Weihnachtstag!

Die Spannung steigern. Das Lied immer wieder singen und es jeweils, dem Datum entsprechend, umwandeln: In achtzehn, elf, fünf Tagen, Kinder wird's was geben, heißt es dann zum Beispiel und achtzehn-, elf-, fünfmal werden wir noch wach, bis endlich Weihnachten ist, und jedesmal wird emsig mitgezählt, ob's auch wirklich stimmt.

Weihnachtsäpfel

In jedem Jahr neue dicke runde Weihnachtsäpfel auf rotes, gelbes und grünes Tonpapier zeichnen und die Äpfel ausschneiden. Auf jeden Apfel ein anderes Weihnachtsgedicht oder -lied schreiben. Dem Kind in der Adventszeit immer mal wieder einen dieser Äpfel abends als Betthupferl aufs Kopfkissen legen. In jedem Jahr kommen ein paar neue Äpfel zu den alten aus den vergangenen Jahren. Alle Äpfel werden in einem mit Weihnachtspapier beklebten Karton aufbewahrt.

Puppenstubenweihnachten

Alle Jahre wieder am dritten Advent für die Puppen in der Puppenstube ein Weihnachtsfest ausrichten. Aus kleinen Tannenzweigen und Stecknadeln einen Weihnachtsbaum stecken. Den Weihnachtsbaum mit Silberpapierstreifen schmücken oder mit Bändern. Für die Puppen Geschenke einpacken. Eine Festtafel in der Puppenstube decken. Der Fantasie und dem Improvisationstalent sind keine Grenzen gesetzt.

*S*ilvester

Zu jeder Jahreswende ganz bestimmte Bräuche wiederholen. Egal ob laute oder leise Töne, die Kinder werden sich auch nach zwanzig Jahren noch an diese Silvesterrituale erinnern. Einige Anregungen:

- die Kerzen auf dem Weihnachtsbaum noch einmal anzünden und Wetten abschließen: Welche Kerze wird am längsten brennen?
- den Kindern »Kindersekt« servieren: Obstsaft mit Kribbelwasser und um Mitternacht mit ihnen feierlich anstoßen
- wenn die Kirchturmuhr zwölf schlägt, die Schläge laut mitzählen
- vor Mitternacht eine Kurzgeschichte vorlesen, in jedem Jahr eine andere
- um Mitternacht ein Feuerwerk entzünden mit Feuerrädern Leuchtraketen oder Wunderkerzen
- mit Kindern Blei gießen oder heißes Wachs in Wasser tropfen und dann gemeinsam versuchen, die entstandenen Formen deuten: Was hat dies und das zu sagen?

Lauter Glück und reine Wonne

Ich gratulier' zum neuen Jahr,
wünsch' ein Perück' von Ziegenhaar
und hunderttausend Klunker dran,
damit man dich bewundern kann.

Ein Kindervers zum »Prosit Neujahr«-Sagen.

Neujahrshupfer

Kurz vor Mitternacht auf Stühle steigen, Punkt zwölf Uhr gemeinsam von den Stühlen ins neue Jahr springen und laut »Ein gutes neues Jahr« rufen.

Glücksschweinchen

Den süßen Weihnachtsteller Silvester noch einmal mit Schokolade und Nougat auffüllen. Zusätzlich ein Glücksschweinchen aus Marzipan auf jeden Teller legen.

Hyazinthentisch

Nach Mitternacht ein Tablett mit Hyazinthen in ganz verschiedenen Farben ins Zimmer tragen und erste zarte Frühlingsdüfte genießen.

Glücksbringer ziehen

Lauter Glücksbringer auf Pappe zeichnen: Hufeisen, Fliegenpilze, vierblättrige Kleeblätter, Schornsteinfeger, Schweinchen. Alles ausschneiden. Jeden Glücksbringer lochen, auf ein Band fädeln. Das Band verknoten. Silvester jedem, der will, eine Glückskette umhängen.

Wunschzettel

Ein Silvesterspiel für Mutter und Kind oder Vater und Kind:

Vorbereitungen für das Spiel: Sechs gute Wünsche aufschreiben, zum Beispiel »Ich wünsche dir sorgenfreie Schulwochen!« »Ich wünsche dir schöne Ferien mit viel Sonne!« Einen Wunsch in roter, einen in gelber, blauer, grüner, schwarzer und brauner Schrift schreiben. Jeden Wunsch auf einen Extrazettel schreiben.

Die Zettel mit den Wünschen verdeckt auf einen Tisch legen, mischen und dann ziehen. Wer zieht welchen Wunsch?

Eine Variation des Spiels: Aus einem runden Bierdeckel einen Stern basteln. Sechs bunte Papierdreiecke als Zacken um den Deckel kleben: eine rote, gelbe, blaue, grüne, schwarze und braune Zacke. Den Stern an einem langen Band befestigen.

Das Silvesterritual: Den Stern vor einem Mitspieler pendeln lassen, dann drehen und plötzlich absenken, so daß er auf dem Boden liegt. Welche Farbspitze weist auf den Mitspieler? Weist eine rote Zacke auf ihn, darf er sich einen Wunschzettel mit roter Schrift nehmen. Weist eine grüne Zacke auf ihn, darf er sich einen Zettel mit grüner Schrift nehmen. Und so weiter.

Die Heiligen Drei Könige

Eltern-Tip

Zum Ausklang der Weihnachtszeit wird in manchen Gegenden am 6. Januar das Drei-Königs-Fest gefeiert, neben den kirchlichen, oft auch mit weltlichen Bräuchen:

- Nachbarn beschenken sich mit Kränzen aus Hefeteig und wünschen sich ein Gutes Neues Jahr
- Kinder bringen ihren Paten Glücksfische aus Hefeteig oder Kreuze aus Honigkuchenteig
- die Geschichte von den Heiligen Drei Königen wird vorgelesen.

Drei goldene Kronen

Drei Kinder in die Heiligen Drei Könige verwandeln. Die Königskronen aus Goldpapier und anderen Glanz- und Buntpapieren basteln:

Drei Streifen aus Goldpapier schneiden. Unterschiedliche Zackenränder in die Streifen schneiden. Aus den drei Streifen drei kinderkopfgroße Reifen rollen und kleben.

Die Kronen verzieren: Sternchenmuster oder gewellte Linien einschneiden und Dreiecke und Kreise. Aus Glanz- und Buntpapier »edle Steine« und Einfassungen schneiden und auf die Kronen kleben. Je kostbarer und reicher die Kronen verziert sind, desto besser.

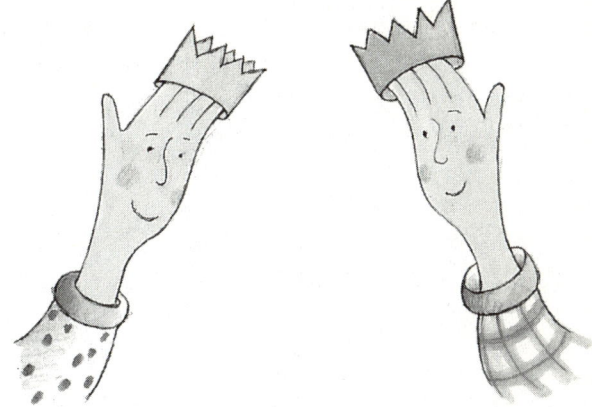

Hände krönen

Wieder drei Streifen aus Goldpapier schneiden und drei Kronen daraus kleben, die auf Kinderhände passen. Mit den drei Papierringen drei Kinderhände krönen: Die Kronen jeweils über die Finger ziehen. Auf die drei Hände drei Königsgesichter zeichnen.

Bohnenkönig

Ein Brauch, der aus Frankreich kommt. Am Morgen des 6. Januars wird ein Bohnenkuchen serviert. Im Teig des Kuchens ist eine Bohne versteckt. Die Bohne soll Sinnbild der Jugend, der Kraft und der Fruchtbarkeit sein.

Das Rezept für den Bohnenkuchen:
Einen Mürbeteig zubereiten (Rezept aus einem Backbuch).
Eine Füllung für den Bohnenkuchen bereiten: Aus 100g Reis und
Milch einen Brei kochen. 1 Prise Salz, einen Klacks Butter, abgerie-
bene Zitronenschale, 5 Eidotter, zwei Eßl. Zucker und 50g gemahl-
lene Mandeln dazugeben. Schnee von fünf Eiern unterheben. Even-
tuell noch eine Handvoll Rosinen mit dem Brei vermengen.
Zwei Äpfel schälen und in Schnipsel zerschneiden.
Den Mürbeteig ausrollen und in eine Springform tun. Die Apfel-
schnipsel auf den Teig legen. Dann den Reisbrei auf dem Teig ver-
teilen, eine Bohne in den Brei geben. Die Torte dann etwa 60 Minu-
ten lang bei 180° backen. Mit Alufolie abdecken.

Der Jüngste aus der Familie darf den Kuchen später anschnei-
den und die Kuchenstücke verteilen. Wer die Bohne im Kuchen
findet, ist Bohnenkönig und darf sich eine Krone aus Goldpapier aufs Haupt setzen.
Wer Bohnenkönig ist,

- darf den ganzen Tag in Reimen sprechen
- oder darf bestimmen, was für den Rest des Tages gemacht
  wird
- oder darf sich sein Lieblingsgericht wünschen.

Eine Variante für eine große Familie oder einen Freundeskreis:
Neben der weißen Bohne werden noch eine schwarze Bohne,
dazu eine Erbse und eine Linse im Teig versteckt. Wer die
weiße Bohne findet, wird zur Königin. Wer die schwarze findet, zum König. Wer die Erbse findet, zum Hofmarschall. Wer
die Linse findet, zum Hofnarr. Alle müssen ihre Rollen eine
Weile durchhalten.

Ostern

Zum Osterfest gehört auch die Freude auf mehr Grün und mehr Sonne – alle atmen auf: endlich wieder Frühling. Viele Oster- sind deshalb auch Frühlingsrituale, Zeichen für erwachendes Leben und Lebenslust. Ostern werden
- hartgekochte Eier gefärbt oder Eierschalen kunstvoll bemalt
- Osternester verschenkt mit Schokoladenhasen
- Eier im Garten versteckt oder in der Wohnung
- Osterspaziergänge gemacht.

Eierkullern

Ein »klassischer« Osterbrauch, ein Spiel für mehrere Mitspieler: auf einem großen Teppich Schokoladeneier auskullern. Dann nacheinander versuchen, mit drei hartgekochten Eiern möglichst viele süße Eier zu treffen. Jedes getroffene Ei aus dem Spiel nehmen. Zum Schluß den Gewinn gerecht teilen.

Eierlaufen

In einer Wiese möglichst viele Eier verstreuen. Auf »los« möglichst viele Ostereier einsammeln und möglichst rasch zu einem vorher festgelegtem Zielpunkt bringen. Gewinner ist, wer am meisten Eier ins Ziel bringt. Die Eier zum Schluß wieder redlich teilen.

Eierorakel

Je mehr mitspielen, desto besser: um einen runden Tisch sitzen. Ein hartgekochtes Ei drehen. Kommt es zum Stillstand, dann zeigt die Spitze des Eis auf den, der das Glückskind ist. (Es können auch mehrere Glückskinder ausgelost werden.)

Eierrutsche

Ein Ostereierspiel, das schon immer am Ostermorgen gespielt wurde. Je mehr mitmachen, desto lustiger.

Vorbereitungen für das Ritual: Zuerst eine Schräge bauen aus Brett und Hocker oder Bücherstapel. Über diese Rutsche dann um die Wette und immer abwechselnd hartgekochte Hühnereier trudeln lassen. Welches Ei kullert am weitesten?

Ei mit Reim

Den Großeltern in jedem Jahr ein neues Osterei mit Gedicht schenken.

Ein Hühnerei vorsichtig ausblasen, oben und unten jeweils ein Loch in die Eierschale piksen. Mit Wasser ausspülen. Trocknen lassen. Auf das Ei mit Buntstiften einen Ostervers schreiben:

Ein Hühnchenei ins Frühlingsnest
legt der Hase zum Osterfest.

Ich schenke dir
ein Osterei.
Wenn es zerbricht,
so hast du zwei.

Dies kleine Haus
hat keine Ecken.
Steckt Gutes drin.
Laß dir's wohl schmecken.

Hühnerschokoladenei

Ein Hühnerei ausblasen, auswaschen, trocknen. Das untere Loch im Ei mit Klebeband verschließen. Das Ei in einen Eierbecher setzen. Schokolade mit einem Schuß Milch in einem kleinen Topf bei geringer Hitze und unter ständigem Rühren schmelzen. Die flüssige Schokolade durch einen Trichter in das ausgeblasenen Hühnerei füllen. Das Ei bemalen, wenn die Schokolade wieder fest geworden ist und es dann verschenken.

Geburtstag

Für Kinder muß der Geburtstag eine ganz bestimmte Form haben, verbunden mit bestimmten Ritualen. Sie sind sehr traditionsbewußt und wünschen sich Geburtstagserinnerungen, die Geborgenheit vermitteln. Was Eltern tun können:

- die Vorfreude steigern: Einladungs- und Tischkarten jedes Jahr mit dem Geburtstagskind selber gestalten
- am Geburtstagsmorgen mit Gesang oder Musik wecken
- alle Jahre wieder den gleichen Geburtstagskuchen auf den Gabentisch stellen, gespickt mit Kerzen in der Zahl der Lebensjahre
- am Geburtstag eine extra Geburtstagstasse und einen extra Geburtstagsteller decken. Geburtstagsteller und -tasse oder auch den Stuhl des Geburtstagskindes mit einer Girlande aus Blumen oder Grünzeug umkränzen
- eine Kerze als Lebenslicht auf den Frühstückstisch stellen.
- für kleine Mädchen: Dem Geburstagskind einen Blumenkranz auf den Kopf setzen (eventuell auch aus künstlichen Blumen)
- jedes Geburstagsgeschenk extra einwickeln, damit es was zum Auspacken gibt am Geburtstagsmorgen
- am Nachmittag Gäste einladen und mit den Gästen die immer gleichen Spiele machen. Originell müssen sie nicht sein. Die Renner sind wie eh und je Topfschlagen und Sackhüpfen
- im Herbst oder Winter die Gäste nach der Geburtstagsfeier mit Laterne nach Hause bringen.

Wünscheblumen

Mit dicken Filzstiften zehn große Blüten auf dünnen Karton zeichnen. Die Blüten ausschneiden. Auf die Rückseite jeder Blüte ein anderes Versprechen in Stichworten aufschreiben – zum Beispiel: »Nachtwanderung machen« und »Eis-essen-gehen« und »Mensch-ärger-dich-nicht« spielen und »eine lange Geschichte« vorlesen. Dann die zehn Blüten auf zehn Treppenstufen verteilen.

Das Geburtstagsritual: Das Geburtstagskind sammelt die Blüten mit den Versprechungen ein und löst die Gutscheine im Laufe der kommenden Woche nach und nach ein.

Beim Wahrsager

Ein Spiel, das, immer nur am Geburtstag gespielt, die Geburtstagsfeier bereichert.

Vorbereitungen für das Spiel: Aus einer Zeitung Wörter schneiden wie beispielsweise »Lottokönig« oder »Tigerjagd« oder entsprechende Wörter aufschreiben. Alle Zettel zusammenfalten und in einen Beutel stecken.

Ein Kind als Wahrsagerin verkleiden. Ihm viele Ketten umhängen, dazu rote lange, spitze Papierfingernägel mit Klebeband auf die Nägel pappen und ein Kopftuch umbinden.

Das Spiel: Alle Geburtstagsgäste lassen sich nacheinander bei der Wahrsagerin die Zukunft voraussagen, dürfen einmal in den Glücksbeutel fassen und sich einen Zettel herausfischen. Wer bekommt welche Deutung der Zukunft?

Eine Variante: Der Wahrsagerin die Innenseite der Hand zeigen. Sie zieht die Handlinien nach und sagt dabei die Zukunft voraus. Ihrer Fantasie sind dabei keine Grenzen gesetzt.

Tantengedicht

Von Tante Wilhemine
eine Mandarine,
von Tante Gretel
eine Trompete,
von Tante Adelheid
ein Sommerkleid,
von Tante Beate
eine Tomate,
von Tante Liane
eine Banane,
von Tante Isabell
ein weißes Bärenfell,
von Tante Veronika
eine Harmonika,
von Tante Emilie
eine Lilie,
von Tante Kunigunde
zwei lustige Hunde,
zuletzt von Tante Erika
eine Karte aus Amerika.

Ein Schreibspiel für die Geburtstagsfeier. Ein Gedicht zum endlosen Weiterdichten. Was schenken die Brüder, die Onkel, die Freunde?

Schatzsuche

Keine Geburtstagsfeier ohne Schatzsuche. Gespielt wird im Park oder im Wald.

Vorbereitungen: Alle Jahre wieder draußen den gleichen Schatz verstecken: einen Karton vollgepackt mit Seifenblasenröhrchen. Den Karton in Goldpapier einwickeln.

Den Weg zum Schatz weisen: »Hundert Meter geradeaus gehen. Im Umkreis von vier Metern ist die nächste Nachricht versteckt!« Oder: »Zwanzig Meter weitergehen. Nach oben schauen!« An ganz verschiedenen Posten Zettel verstecken, die schließlich den Weg zum Schatz weisen.

Familienfest

Eltern-Tip

Daß die Großeltern, Tanten, Onkel, Cousinen in erreichbarer Nähe wohnen, das ist heute nicht mehr die Norm. Die Großfamilie sieht sich in der Regel nur noch selten, vielleicht ein-, zweimal im Jahr auf Familienfesten. Auch ein Sinn solcher Feste: den Zusammenhalt der Familie stärken und pflegen. Auch hier können fröhliche Rituale eine wichtige Rolle spielen.

Großes Familienfoto

Alle zieren sich, keiner hat Lust in Position zu gehen, schon das Vorspiel zum Familienfoto ist ein Ritual: Einer fehlt immer. Einer macht die ewig gleichen Faxen. Ist das Foto endlich im Kasten, atmen alle erleichtert auf.

Später freuen sich sämtliche Familiemitglieder über das neue Bild und vergleichen es mit den Fotos vergangener Jahre: Mit der Zeit verändert sich einiges.

Stammbaum zeichnen

Ein Cousin- und Cousinenspiel: Zusammen einen Stammbaum zeichnen. Wer gehört an welchen Ast? Wer hängt mit wem zusammen? Wo ist die gemeinsame Wurzel, und wie weit läßt sie sich zurückverfolgen?

Verwandtschaftliches

Nichte, Neffe, Großtante, Schwägerin –, Familienbezeichnungen sind den meisten Kindern ein Rätsel: keine Ahnung, wer was ist. Mit Hilfe eines Spiels können Verwandtschaftsverhältnisse klarer werden. Je größer die Familie, je mehr bei dem Spiel mitmachen, desto besser:

Der Jüngste aus der Runde nennt den Namen eines Familienmitgliedes und zeigt auf einen Mitspieler aus der Runde, der jetzt sagen muß, in welchem Verwandtschaftsverhältnis er zu dem Genannten steht. Weiß er's, darf er ein weiteres Familienmitglied nennen und den Nächsten in der Runde ausgucken.

KINDER UND ELTERN

16144

16159

16136

Mosaik bei GOLDMANN

JOHN GRAY

»Männer sind vom Mars. Frauen von der Venus.« – der erfahrene Paartherapeut liefert eine brillante Zustandsbeschreibung des Beziehungsdschungels und gesteht Männern und Frauen ihre Andersartigkeit zu. Anschauliche Fallbeispiele und erprobte Lösungsmodelle zeigen, wie sich aggressiver Geschlechterkampf zu einer kreativen Partnerschaft wandeln kann.

16107

Der Kontakt zum anderen Geschlecht ist gespickt mit Mißverständnissen, Fehlwahrnehmungen und falschen Schlußfolgerungen. Was machen Männer und Frauen jeweils anders, und wie können sie aufeinander zugehen? Bestsellerautor John Gray ermutigt zu neuen Formen einer offenen und verständnisvollen Kommunikation, die die Verschiedenheiten der männlichen und weiblichen Perspektive berücksichtigen.

16134

Mosaik bei GOLDMANN

PSYCHOLOGIE/
SEXUALITÄT/LEBENSHILFE

16108

11297

13847

Mosaik bei GOLDMANN

SCHÖNHEIT/
GESUNDHEIT/ERNÄHRUNG

16131

RAINER WALLBAUM
Heilfasten mit Leib und Seele

16119

16114

13533

Mosaik bei GOLDMANN

Fördern Sie jetzt die Entwicklung Ihres Kindes!

SPIELEN UND LERNEN für Eltern, die das Beste für ihr Kind wollen.

Jeden Monat neue Tips, Denkanstöße und konkrete Hilfe.

Gut zu wissen Ratschläge für Eltern.

Themen Erfahrungsberichte und Reportagen.

Ratgeber Wichtige Hilfen für Erziehung, Kindergarten und Grundschule.

Mit Kindern fernsehen Programmauswahl für Kinder.

Service Tests und Einkaufsempfehlungen.

Mitmachen - Selbermachen Viele Tips und Ideen.

SPIEL MIT, das große, bunte Extra-Heft für Kinder

28 Seiten zum Herausnehmen - mit allem, was Kindern Spaß macht.

+ Spannende Geschichten zum Vorlesen und selbst Entdecken.

+ Spiele und Spielideen für drinnen und draußen.

+ Rätsel und einfache Experimente zum Lernen und Begreifen.

+ Singen, Malen, Basteln als kreativer Spaß.

+ Tierposter fürs Kinderzimmer.

+ Extra-Bastelbogen auch für ungeübte Hände.

Die Einladung für Ihr Schnupper-Sparabo finden Sie auf der Rückseite

Die Velber-Garantie

1. Mit einem Schnupper-Sparabo erhalte ich 3 Ausgaben von SPIELEN UND LERNEN, zusammen mit dem farbig bestickten Raben-Brustbeutel zum Schnupperpreis von nur DM 10,-!

2. Wenn mir SPIELEN UND LERNEN gefällt und ich nicht bis spätestens 10 Tage nach Erhalt des 3. Heftes absage, erhalte ich jeden Monat die neue Ausgabe mit Abo-Preisersparnis für nur DM 6,30 je Heft (statt DM 7,30).

3. Ich habe das Recht, mein Abonnement nach Ablauf eines Jahres jederzeit wieder zu kündigen.

4. Ich weiß, daß ich diese Vereinbarung innerhalb von 10 Tagen beim Velber Verlag, Leser Service, 30923 Seelze widerrufen kann. Zur Wahrung der Frist genügt die rechtzeitige Absendung des Widerrufs.

velber **Coupon bitte gleich ausfüllen und einsenden an:**
Velber Verlag, Leser Service, 30923 Seelze.

spielen und lernen Schnupper-Sparabo

3 x SPIELEN UND LERNEN und den farbig bestickten Raben-Brustbeutel für nur DM 10,-

☒ JA, ich möchte SPIELEN UND LERNEN jetzt kennenlernen und nehme die Einladung zum Schnupper-Sparabo an. Bitte schicken Sie mir die nächsten 3 Ausgaben von SPIELEN UND LERNEN mit dem Extra-Heft SPIEL MIT. Alles zusammen zum Schnupperpreis von nur DM 10,-. Dazu als Geschenk den farbig bestickten Raben-Brustbeutel. Die Velber-Garantie habe ich gelesen.

Name/Vorname

Straße/Nr.

PLZ/Ort

Vorname des Kindes   Geburtsdatum

Vertrauensgarantie: Die Velber-Garantie habe ich gelesen. Ich weiß, daß ich diese Vereinbarung innerhalb von 10 Tagen beim Velber Verlag, Leser Service, 30923 Seelze widerrufen kann und bestätige dies mit meiner Unterschrift. Zur Wahrung der Frist genügt die rechtzeitige Absendung des Widerrufs.   2517

X

Datum   Unterschrift